Großmutters großes Weihnachtsgeschichtenbuch

Inge Maria Grimm

Großmutters großes Weihnachts-geschichtenbuch

Die schönsten Vorlesegeschichten
mit Illustrationen von
Ludwig Richter
und Winnie Jakob

Sammelband aus den Bänden
Was Großmutter zur Weihnachtszeit erzählt
Großmutters Geschichten zur Weihnachtszeit
Großmutters Geschichten zur Adventszeit
Von Inge Maria Grimm
Umschlag von HP-Graph unter Verwendung einer
Illustration von Ludwig Richter
Innenillustrationen von Ludwig Richter und Winnie Jakob

Satz: Zehetner Ges. m. b. H., Oberrohrbach
Druck: Ueberreuter Print

Inhalt

1. Buch

Was Großmutter zur Weihnachtszeit erzählt

Die Großmutter

Es war einmal eine Großmutter, die hatte eine Menge Enkel, kleine und große. Die Großmutter hatte ihre Enkel und überhaupt alle Kinder in ihrer Nähe sehr lieb und so dachte sie sich für Weihnachten für die Kinder immer etwas Besonderes aus: eine Überraschung. Einmal gab es, wenn genug Schnee lag, in ihrem Garten ein Schneeballfest, ein anderes Mal machte sie mit den Kindern einen Schlitten- und Schiausflug oder sie gingen alle gemeinsam Eis laufen. Nachher gab es natürlich eine kleine Stärkung und so freuten sich alle jedes Jahr auf Großmutters Weihnachtseinfälle.

Dieses Mal war es etwas anders. Vielleicht gab es keinen Schnee, vielleicht wollte das mit dem Eislaufen auch nicht so recht klappen – die

12-jährige Betty hatte sich das Bein gebrochen und trug es noch in Gips, da hatte die Großmutter einen anderen Einfall.

Sie verkündete ihren Enkeln und auch deren Freunden – die sie ja gut kannte: „Kinder, in diesem Jahr gibt es durch die ganze Weihnachtszeit hindurch Märchenstunden bei mir! Wir setzen uns am späteren Nachmittag, wenn ihr Zeit habt, zusammen und ich lese euch vor. Ich habe schon viele Geschichten gesammelt, die nicht nur den Kleinen unter euch, sondern auch den Älteren gefallen werden. Na, was meint ihr dazu?"

„Fein! Fein! Das ist ein toller Einfall!", riefen die Kinder. Und die Gipsfuß-Betty strahlte: „Da kann ich ja mit dabei sein. Großmutter, das hast du dir gut ausgedacht!"

„Gibt's auch was zum Futtern dabei?", fragte der dicke Friedl, der immer hungrig war.

Die Großmutter lachte. „Natürlich,

das gehört dazu. Wir werden es uns gemütlich machen, und ich werde mich bemühen, euch mit Dingen zu überraschen, die ihr sonst nicht bekommt."

„Oho, da bin ich aber neugierig. Übrigens mag ich Früchtebrot sehr gerne ..."

„Na, das war aber ein Wink mit dem Zaunpfahl", lachte der lange Paul, „Studentenfutter mit Nüssen und getrockneten Apfelscheiben, Rosinen und Mandeln mag ich nämlich auch sehr gern!"

„Ich werde es mir merken", sagte die Großmutter, „aber ich habe auch an etwas ‚Heißes' gedacht, das ich in meiner Jugend schrecklich gern gegessen habe. Und da fällt mir gleich ein alter Spruch dazu ein. Passt einmal auf:

Kinder, kommt und ratet, was im
  Ofen bratet!
Hört, wie's knallt und zischt.
Bald wird er aufgetischt,

der Zipfel, der Zapfel,
der Kipfel, der Kapfel,
der gelbrote Apfel."

„Aha – Bratäpfel!", rief Betty. „Auf die freue ich mich schon!"

„Wartet nur, die Ballade vom Bratapfel geht noch weiter, die müsst ihr euch fertig anhören!" Und die Großmutter fuhr fort:

„Kinder, lauft schneller,
holt einen Teller,
holt eine Gabel!
Sperrt auf den Schnabel
für den Zipfel, den Zapfel,
den Kipfel, den Kapfel,
den goldbraunen Apfel."

„Jetzt ist er schon goldbraun ...", lachte Betty. Die Großmutter aber hatte noch eine Strophe bereit:

„Sie pusten und prusten,
sie gucken und schlucken,
sie schmatzen und schmecken,
sie lecken und schlecken

den Zipfel, den Zapfel,
den Kipfel, den Kapfel,
den knusprigen Apfel."

„Was sagt ihr dazu? Habe ich mir das nicht gut gemerkt?", sagte die Großmutter. „Dieses Bratapfel-Gedicht stammt aus meinem Lesebuch und seither ist immerhin ein halbes Jahrhundert vergangen!"

„Wirklich? So alt bist du schon, Großmutter?", rief Hansi, der Jüngste, und starrte die Großmutter mit runden Augen an. Alle lachten, am meisten die Großmutter.

Hansis Aussprüche machten ihr immer besonders Spaß. Bei ihm kam alles geradeheraus, er war ja erst sechs Jahre alt.

„Also gut, wenn euch mein Einfall gefällt, dann können wir ja nächste Woche – im Advent – gleich anfangen mit unseren Erzählstunden. Seid ihr einverstanden?", meinte die Großmutter.

Alle stimmten eifrig zu, und so wurde eine Zeit ausgemacht, die für alle günstig war. Bei der Großmutter wollten sie sich treffen.

„Darf ich Annemarie, meine Freundin, mitbringen?", fragte Betty.

„Und ich den Felix, der nebenan wohnt!", schrie Hansi aufgeregt.

Die Großmutter nickte. „Aber natürlich, bringt nur alle mit, die gerne zuhören wollen."

„Dann muss der Onkel Georg auch mitkommen, der mag Märchen sehr", meinten die Zwillinge Tom und Ricky.

„Der ist doch schon erwachsen und hat einen Schnurrbart . . .", sagte Hansi, „der darf nicht mitkommen!"

Aber die Großmutter sagte: „Schnurrbart her oder hin, jeder darf kommen und mir zuhören – bei mir gibt's ‚open house' – ihr lernt ja Englisch und wisst, was das heißt –, also offenes Haus für alle!"

„Fein, das wird lustig, wir freuen uns schon auf nächste Woche!" Die Kinderhorde stob auseinander. Die Großmutter blieb zurück und schaute ihnen lächelnd nach. „Jetzt aber an die Arbeit!", dachte sie.

Als sich die Kinder zu Beginn der Adventszeit zum ersten Mal bei der Großmutter eingefunden hatten, war draußen ein unfreundlicher, stürmischer Tag und alle waren froh, dass sie so gemütlich im Warmen sitzen konnten bei Limonade und den ersten Lebkuchen. Sie hatten sich die Schuhe gut reinigen müssen, darauf hatte die Großmutter schon geachtet, aber jetzt drängten sie sich kichernd und schwatzend auf dem Sofa zusammen und freuten sich auf die erste Geschichte.

„Jetzt erzähle ich euch etwas, das ich als Kind selber erlebt habe", fing die Großmutter an. „Es ist die Geschichte ‚Wie ich den König Herodes vernichtete'" . . .

Wie ich den König Herodes vernichtete

Ich muss damals so an die sechs Jahre alt gewesen sein und kannte natürlich das biblische Geschehen mit dem Kind in der Krippe, Maria und Josef, Ochs und Esel. Auch die Verkündigung auf dem Hirtenfeld, die Anbetung der Drei Weisen und die Flucht nach Ägypten waren mir geläufig. In meinen kindlichen Spielen stellte ich das alles wie ein Theaterstück dar, wobei ich allerdings das Geschehen auf meine ganz eigene Art abwandelte.

Meine Puppen und Tiere waren die handelnden Personen, die Größenverhältnisse spielten dabei keine Rolle. Darauf kam es wirklich nicht an, meinte ich.

Die Lieblingspuppe Vroni mit den blonden Zöpfen stellte die Mutter Maria dar. Sie saß neben einem winzigen

Kripplein aus Gips, das mir einmal jemand von einer Wallfahrt mitgebracht hatte. Ochs und Esel entlieh ich meiner Holzmenagerie und den Nährvater Josef musste mein Teddybär darstellen. Ich hatte keinen Geeigneteren für diese Rolle. Der Heilige möge es mir nicht übel nehmen!

Hirten und Engel bereiteten mir weniger Kopfzerbrechen, dafür umso mehr der böse König Herodes, der natürlich mit ins Spiel gehörte. Der Überlieferung nach war er zwar ein König, doch ich hielt ihn für einen ausgekochten Halunken. Er hatte es ja auf das unschuldige Gotteskind abgesehen, gar nicht zu reden von dem Kindermord in Bethlehem! So fand ich, dass er wegen dieser Untaten böse und hässlich aussehen musste. Doch wo nahm ich solch ein Wesen nur her, dem man die abgrundtiefe Schlechtigkeit schon auf den ersten Blick ansah?

Da fiel mir ein, dass vom Nikoloabend noch zwei in Stanniol gehüllte

Schokoladefiguren übrig geblieben waren: der heilige Nikolaus und sein gehörnter Begleiter, den wir Krampus nannten. Ich durfte mit ihnen nur spielen, denn Großmutter fand, dass so viel Schokolade für einen Kindermagen schädlich sei. Nun kam mir diese rote, gehörnte, langschwänzige Teufelsfigur in den Sinn, die wollte ich als König Herodes einsetzen. Der silberne Nikolaus, der zwar in Gestalt und Gewandung königliches Format hatte, widersprach meiner Auffassung von der Ausstrahlung des Bösen. Er sah viel zu gütig und edel aus.

Beim Krampus allerdings schien mir doch der Teufelsschwanz, auch die Hörner auf dem Kopf nicht ganz passend für die Herodes-Figur. Durfte ein König, selbst ein sehr böser König, solche körperlichen Merkmale öffentlich zur Schau stellen? Ich war mir da nicht sicher. Zweifel plagten mich und so wollte ich mich an eine höhere Instanz um Rat wenden.

Ich ging also in die Küche, weil ich hoffte, dort die Mutter oder die Großmutter vorzufinden. Es war aber nur Marschenka, unsere böhmische Köchin, da, die das Kupfergeschirr putzte. So wandte ich mich eben an sie.

„Sag einmal, Marschenka, kann ein böser Mensch auch ein Teufel sein?"

Sie nickte heftig. „No freilich! Jeschusch Maria! Kenn ich viele Teifel, die was ausschauen wie Menschen!"

Ich bohrte weiter: „Marschenka, glaubst du, dass der König Herodes, der die Kinder hat töten lassen in Bethlehem, ein Teufel war?"

Wieder heftiges Nicken: „No, glaub ich ganz gewiss. War Oberteifel mit Seele schwarz wie Ofenrohr!"

Noch eine letzte Frage von mir: „Aber Hörner auf dem Kopf hat er doch nicht gehabt, oder?"

Marschenka schüttelte den Kopf: „No, was braucht er Hörner? War böser Teifel mit und ohne Hörner!"

Das war's, was ich wissen wollte. Befriedigt kehrte ich zu meinem Spiel zurück. Ich stellte jetzt mit gutem Gewissen den roten Krampus aus Schokolade als König Herodes auf. Er hauste in einer Burg aus Bauklötzen. Und dann wurden die Figuren des Spiels lebendig. Sie sprachen mit meiner Stimme, wurden von meinen Händen bewegt. Ihre Dialoge müssen seltsam gewesen sein. Ich erinnere mich noch an das höllische Gelächter des Krampus-Herodes, der immer wieder ausrief: „Euch werde ich's noch zeigen, euch und eurem Christkind!"

Daraufhin weinte Maria: „Du böser König, hab Erbarmen! Was haben wir dir denn getan?"

Und der heilige Josef meinte etwas lahm: „Der liebe Gott wird dich strafen, warte nur!"

Höhnisches Teufelsgelächter war die Antwort. Herodes gebärdete sich so blutrünstig, dass ich mich als die rächende Hand Gottes empfand, als ich jäh in den Ablauf des Spieles eingriff.

Es war ja nicht auszuhalten, wie sich der Bösewicht benahm!

Ich packte also den Krampus-Herodes und schleuderte ihn aus den schützenden Mauern seiner Burg in den Abgrund. Er landete auf dem Fußboden. Entgegen aller biblischen Überlieferung lag er nun zerschmettert da. Die Heilige Familie war gerettet, die Kinder von Bethlehem waren gerettet. Mir kam es auf eine Geschichtsfälschung nicht an.

So, jetzt konnte ich tief aufatmen! Doch da stieg es mir plötzlich in die Nase: süßer Milchschokoladeduft. Er kam von den Resten des bösen Königs auf dem Fußboden. Das rote Stanniolpapier hielt zwar die Figur noch halbwegs zusammen, aber zwei Stück Schokolade waren ausgebrochen und lagen braun und appetitlich duftend vor meinen Füßen. Ich hob sie auf – was hätte ich anderes tun sollen? Dann steckte ich sie in den Mund. Sie zerschmolzen in wunderbarer Süße.

Trotzdem, meine ich, war es nicht nur die genäschige Verlockung, die nun folgte, sondern vor allem ein Akt der strafenden Gerechtigkeit: Herodes musste vernichtet werden. Nichts sollte mehr von ihm übrig bleiben.

Zur Vollstreckung dieses Beschlusses zog ich mich aber vorsichtshalber in das entlegene Badezimmer zurück. Aus verständlichen Gründen wünschte ich, nicht gestört zu werden. Trotzdem überraschte mich die Großmutter. Leider hatte sie für derlei Dinge einen sechsten Sinn!

Die Schokoladespuren um meinen Mund und an den Händen, das Stanniolpapier auf dem Boden und meine schuldbewusste Miene verrieten ihr alles.

„Wie kannst du nur den großen Schokolade-Krampus auf einen Sitz aufessen?“, entrüstete sie sich. „Du weißt doch, dass so viel Schokolade ungesund ist!“

„Es war doch – es war der König

Herodes ... und den habe ich nur bestrafen wollen ... damit er dem Christkind nichts tun kann und den Kindern von Bethlehem auch nicht ...", stotterte ich.

„Ja, ja, solche Ausreden hast du immer bei der Hand", sagte die Großmutter ärgerlich und schob mich zur Säuberung an das Waschbecken.

Es war mir unmöglich, ihr klarzumachen, dass der Schokolade-Krampus eben nicht nur ein Krampus, sondern der König Herodes gewesen war. Erwachsene verstehen so etwas nicht, damit muss man sich abfinden.

Ich aber hatte den verführerischen süßen Geschmack des Bösen noch lange auf der Zunge.

Schneeflocken-Größenwahn

Eine Schneeflocke wollte was Großes sein,
sie saß hoch oben am Winterhimmel
und bildete sich unbedingt ein,
sie sei eine Wolke. – Das war ihr Fimmel!
Sie machte sich schließlich zur Reise bereit
und endlich kam auch an sie die Reihe –
da sagte sie patzig und etwas breit
zu den anderen Flocken: „Adieu, ich schneie!"
Und schwebte zur Erde. Mit wichtiger Miene
rief sie: „Ich werde jetzt eine Lawine!
Ich falle auf einen Felsen auf,
drücke die andern mit meinem Gewicht,
reiße sie fort zu rasendem Lauf ..."

Doch weiter kam die Schneeflocke
nicht.
Sie fiel durch Zufall auf meine Hand
und schmolz. – Ich habe sie abgeleckt
und schwieg. Es ahnt ja niemand,
was in mir für ein Kerl steckt:
So rettete ich vor Lawinengefahr
ein ganzes Dorf. Ein Held fürwahr!
Doch merkt es euch und denkt daran:
So leicht zerschmilzt ein Größenwahn!

„Großmutter, was erzählst du uns denn heute?“, rief Pauli, als sie wieder erwartungsvoll in dem warmen, gemütlichen Zimmer versammelt waren. Betty mit ihrem Gipsbein war von Margit und Peter, ihren Schulfreunden, geführt worden, denn es hatte ein wenig geschneit und die Wege waren glatt.

Frisch gebackener Lebkuchen duftete durchs Haus und ein Teller davon stand schon zum Verkosten bereit. „Richtig gut wird er aber erst, wenn er einige Zeit in einer Blechbüchse abgelegen ist“, sagte die Großmutter, „doch dazu wird es wohl gar nicht kommen!“

„Wir sind schon gespannt auf deine Geschichte“, mahnte Onkel Georg mit dem Schnurrbart – der heute mitgekommen war.

„Also gut, fangen wir an“, lachte die Großmutter, „meine heutige Geschichte heißt: Die Reise nach Christkindl.“

Die Kinder machten große Augen, aber die Großmutter erklärte ihnen:

„Christkindl als Ortschaft gibt es tatsächlich in Oberösterreich, sie gehört zu der alten Stadt Steyr, die oberhalb des Flusses Steyr liegt. Neben der schönen Wallfahrtskirche von Christkindl gibt es jeden Advent ein Sonderpostamt, das mit einem besonderen ‚himmlischen' Stempel die Postsachen abfertigt. Es gibt auch eine schöne berühmte Krippe dort in der Kirche und viel Sehenswertes.

Und da beginnt schon meine Geschichte."

Die Reise nach Christkindl

Der pensionierte Oberbuchhalter Johann Weberberger hatte sich fest vorgenommen, diesmal zu Beginn der Weihnachtszeit nach Steyr und vor allem nach Christkindl zu fahren.

So kam es, dass er am 7. Dezember – diesmal allein, denn seine Frau hatte zu Hause alle Hände voll zu tun – den Zug bestieg, der ihn nach Steyr bringen sollte. Herr Weberberger war so recht in froher Reisestimmung und bereit, sich über alles zu freuen, das ihm auf dieser Reise begegnen sollte. Er plauderte mit dem Schaffner, er ließ sich von der Dame, die vis-à-vis von ihm im Zugabteil saß, einen guten Gasthof in Steyr empfehlen, dann las er die Zeitung und so ging die Zeit dahin.

Das Abteil hatte sich geleert, nur ein Junge von etwa zwölf Jahren saß noch in einer Ecke. Er schaute starr vor sich hin und Herr Weberberger fand, dass er ziemlich unglücklich dreinsah. Wie konnte ein Bub nur so trübselig dasitzen? Er hatte nicht einmal seine Windjacke ausgezogen und hielt die Hände in den Taschen vergraben. Ob der was ausgefressen hat?, dachte Herr Weberberger. Irgendetwas an dem Bürschchen erinnerte ihn an seine Jugendzeit. Auch er war einmal in Schwierigkeiten gewesen und hatte nicht ein noch aus gewusst. Es war eine längst vergessene Erinnerung, die bei dem Anblick seines jungen Gegenübers lebendig wurde. Herr Weberberger beschloss, ganz gegen seine sonstige Gewohnheit, sich in diese fremde Angelegenheit einzumischen. So harmlos wie möglich sagte er:

„Die nächste Station ist schon Steyr. Da steig ich aus. Fährst du auch nach Steyr?"

Der Junge zuckte zusammen. Verstört sah er auf, als hätte er nicht recht verstanden, dass die Frage an ihn gerichtet war. Herr Weberberger wiederholte sie. Da sagte der Bub zögernd:

„Steyr? Ich weiß nicht, ob ich nach Steyr will . . . Meine Fahrkarte geht bis Linz."

Er zuckte die Achseln und verkroch sich tiefer in seine Windjacke. Herr Weberberger schmunzelte und sagte verständnisvoll:

„Ja, ja, ich verstehe, du bist ausgerückt. Das kommt manchmal vor. Hab ich auch einmal probiert, wie ich so alt war wie du, aber es bringt nicht viel, das kann ich dir verraten."

Eine Weile war es still im Abteil. Draußen zogen Felder und leicht angeschneite Wiesen vorbei. Der Junge ließ den Kopf sinken und murmelte: „Eigentlich hätte ich es ja nicht tun sollen. Die Mutter wird sich Sorgen machen. – Aber der Vater war so wütend, wie er erfahren hat, dass ich das Geld genommen hab. War sowieso ein Blödsinn, jetzt weiß ich es ..."

Und dann brach es aus ihm heraus:

„Was hätte ich denn tun sollen? Ich hab es nicht einmal erklären können – und so bin ich halt auf und davon ..."

Er schniefte und seine Augen röteten sich.

Herr Weberberger nickte ihm beruhigend zu. „Ich verstehe das schon, aber die Sache sollte doch in Ordnung gebracht werden, einfach davonlaufen ist zu wenig! Was meinst du, wollen wir uns einmal darüber in Ruhe unterhalten?"

Der freundliche, mitfühlende Blick des älteren Mannes musste dem Jungen Zutrauen eingeflößt haben, denn er strich sich die wirren Haarsträhnen aus der Stirn, putzte sich die Nase und nickte.

Herr Weberberger griff nach seiner Reisetasche, schlüpfte in den Mantel

und sagte: „Also gut, dann steigst du jetzt mit mir aus, wir spazieren zusammen hinauf nach Christkindl – dort warst du bestimmt noch nicht. Unterwegs rufen wir deine Eltern an, damit sie sich keine Sorgen mehr machen, und dann besprechen wir die ganze Angelegenheit. Du wirst sehen, es ist alles nur halb so schlimm!"

„Wieso fahren Sie ausgerechnet nach Christkindl?", fragte der Junge.

„Weil ich einmal eine Weihnachtsreise machen wollte, und was würde für eine Weihnachtsreise besser passen, als nach ‚Unterhimmel' – so heißt der Ortsteil von Steyr nämlich – in die Christkindl-Kirche zu fahren? Das habe ich mir schon lange vorgenommen", schmunzelte Herr Weberberger.

„Und jetzt haben Sie mich getroffen, stört Sie das nicht?", meinte der Junge, während sie ausstiegen.

Herr Weberberger lachte. „Ganz im

Gegenteil – jetzt wird es erst eine echte Weihnachtsreise."

Die Winterluft war kalt und klar, nach der verbrauchten Luft im Zugabteil war es eine Wohltat, tief Atem zu holen. So stapften sie zusammen los wie zwei alte Freunde, Herr Weberberger und der Junge, der Thomas – Tom – hieß.

In der „Goldenen Rose" machten sie Mittagsrast, telefonierten mit Toms Mutter, die überglücklich war, ihren Ausreißer in Sicherheit zu wissen und ihn morgen Abend wieder in die Arme schließen zu können.

Dann saßen die beiden bei einer heißen Suppe und der Junge schaute dankbar zu seinem Begleiter auf. Leise sagte er: „Aber ein Donnerwetter wird es noch geben – vom Vater . . ."

„Das musst du in Kauf nehmen, so schlimm wird es schon nicht werden. Ich habe es damals auch überlebt, und wenn ich heute darüber nachdenke, dann bin ich meinen Eltern nur dankbar dafür!" Sie ließen sich ein Nachtquartier reservieren und dann machten sie sich auf den Weg nach Christkindl.

„Wer weiß, ob ich ohne Sie hierher gekommen wäre", meinte Tom.

Es war aber auch wunderschön hier auf der Höhe über der kleinen alten Stadt mit ihren spitzen Dächern und Türmen. Viele Tannenbäume säumten den Weg zur Christkindl-Kirche und dem „himmlischen" Postamt. Herr Weberberger hatte seine Weihnachtskarten und Briefe mitgenommen, um sie hier abzusenden, und Tom nahm sich auch ein paar schön gestempelte Karten mit – zum Verteilen zu Hause. In der Kirche bewunderten sie das kleine Christkindfigürchen, das Ziel vieler Wallfahrten ist und das nun schon seit fast 300 Jahren hier thront.

Am nächsten Vormittag machten sie noch einen Spaziergang durch die Altstadt, schauten sich dies und jenes an, standen auf der Brücke über dem

Wehr und freuten sich über den schönen, klaren Wintertag.

Wie alte Freunde unterhielten sie sich auf der Heimreise, und als es ans Abschiednehmen ging, sagte Herr Weberberger:

„Unser Abenteuer ist zu Ende, Tom. Halte den Kopf steif, denk daran, was wir besprochen haben. Ich wünsche dir alles Gute und ich hoffe, du besuchst mich bald, meine Adresse hast du ja!"

„Mach ich bestimmt, ich rufe Sie an. Und nochmals danke für alles!" Sie schüttelten einander die Hände, der Alte und der Junge, wie es eben Männer tun.

Als Herr Weberberger zu Hause ankam, lachte seine Frau: „Was, du bist schon zurück? Das war aber eine kurze Reise!"

„Es war eine ganz besondere Weihnachtsreise, meine Liebe, da kommt es nicht darauf an, wie lang oder wie kurz sie ist – jedenfalls war ich in Unterhimmel beim Christkindl!", schmunzelte Herr Weberberger und vertauschte seine festen Stiefel mit den bequemen Pantoffeln.

Christbäume in der Stadt

von Gustav Falke

Nun kommen die vielen Weihnachtsbäume
aus dem Wald in die Stadt hinein.
Träumen sie ihre Waldesträume
weiter beim Laternenschein?

Da stehen sie nun an den Straßen und schauen
wunderlich und fremd darein,
als ob sie der Zukunft nicht recht trauen –
es muss doch was am Werke sein!

Freilich, wenn sie dann in den Stuben
im Schmuck der hellen Kerzen stehen
und den kleinen Mädchen und Buben
in die glänzenden Augen sehen,

dann ist ihnen auf einmal, als hätte
ihnen das alles schon mal geträumt,
als sie noch im Wurzelbette
den stillen Waldweg eingesäumt.

Als wären sie für Konfekt und Lichter
vorherbestimmt und es müsste so
sein –
und ihre spitzen Nadelgesichter
sehen ganz verklärt darein.

„Dieses Gedicht", sagte die Großmutter, „habe ich in meinem alten Lesebuch gefunden. Es ist schon sehr alt, aber ich finde, auch heute noch kann man ähnliche Gedanken haben, wenn man die ersten Christbäume auf den Straßen sieht. Deshalb wollte ich es euch vorlesen. Danach aber passt sehr gut eine Geschichte aus dem Winterwald."

Die Sage vom Waldmännlein

Der Berg, den sie Sternstein nennen, ist zur Hälfte von einem dichten Wald bedeckt. Der Sternwald heißt er in der Gegend und man erzählt sich, dass dort in früheren Zeiten das Volk der Waldmännlein hauste. Kleine, putzige Wichtel waren das mit grünen Hüten und grünen Hosen, und man sagt, dass sie sich immer gefällig und freundlich gegen die Menschen zeigten, die ihnen im Wald begegneten. Hirten, Jäger, Holzknechte und Beerensammler berichten von ihnen.

Einmal – es ist schon lange her – hielt ein armer Köhler mitten im Winter Wache bei seinem brennenden Meiler.

Heutzutage kennt man den Beruf des Köhlers ja nicht mehr, deshalb will ich ihn erklären. Nun, ein Köhler ist ein Mann, der dafür sorgt, dass große Holzscheite zu Holzkohle verbrennen, die man früher viel gebraucht hat. Es ist ein rußiges Geschäft und ein einsames dazu. So ein Köhler muss allein mitten im Wald leben, weit entfernt von den Häusern des Dorfes, dort, wo er das Holz gleich bei der Hand hat und wo auch keine Gefahr besteht, dass durch Funkenflug die Hausdächer in Brand geraten.

Unser Köhler, von dem ich jetzt erzählen will, sah also eines Tages – ein paar Schritte von seiner Hütte entfernt – ein kleines grünes Männchen, eines der Waldmännlein. Es war ganz vertieft in eine merkwürdige Beschäftigung: Über einem kleinen Feuer versuchte es, Tannenzapfen zu dörren.

Kopfschüttelnd trat der Köhler näher und schaute dem Kleinen zu. Bevor er aber noch etwas fragen konnte, nickte ihm das Waldmännlein freundlich zu und sagte: „He, Köhler-Loisl, wie geht es dir denn so übers Jahr?"

Der Köhler, der für Frau und Kinder zu sorgen hatte und viel Not und Mühsal kannte, wusste darauf nicht gleich etwas zu antworten, schließlich sagte er stockend, denn er war schier das Reden nicht mehr gewohnt in seiner Einsamkeit: „Ach, du liebe Zeit, wie soll es mir schon gehen? Wenn's nur ein wenig besser ginge, könnt ich's schon ertragen!"

Da nickte das Waldmännlein, schaute den Mann mitleidig an und sagte: „Nimm dir ein paar von meinen gedörrten Tannenzapfen, Köhler-Loisl, trag sie zu dir nach Hause. Du wirst sehen, sie bringen dir Glück!"

Und dann erklärte es dem Köhler, was er mit den Tannenzapfen weiter tun sollte: „Leg einen in den Ofen, er wird dir für die kalte Zeit die Stube wärmen. Dann löse von den anderen Zapfen die Samen aus und streue sie auf dein Feld. Davon werden dort so viele Kartoffel und so viel Kraut und Kohl wachsen, dass du und deine Fa-

milie immer genug zu essen haben werdet."

Ungläubig hatte der Mann zugehört, steckte aber dann dankend die gedörrten Zapfen ein, die ihm das Wichtlein reichte. Der Kleine aber stupste ihn nochmals an, als er sich schon zum Gehen wandte, und wisperte eindringlich: „Eines musst du dir noch merken, Köhler-Loisl, in dem Augenblick, da du einen anderen um sein Hab und Gut beneidest, ist es mit dem Tannenzapfensegen zu Ende! Denk daran!"

Nun machte der arme Köhler alles so, wie es ihm das Waldmännlein geheißen hatte, und tatsächlich – für ihn und seine Familie kamen bessere Zeiten. Den ganzen Winter über hatten sie eine warme Stube, sie konnten sich immer satt essen von den Früchten des Feldes und von dem Überfluss noch etwas verkaufen.

So ging es einige Jahre hindurch, doch einmal trat das ein, vor dem ihn das Waldmännlein gewarnt hatte. Der

Köhler neidete seinem Nachbarn im Dorf das neu erbaute, stattliche Haus.

„Warum kann ich nicht auch so ein schönes, großes Haus haben? Warum kann sich das ausgerechnet der Tischler-Toni leisten?"

Kaum hatte er diese Worte ausgesprochen, da war es mit dem wunderbaren Tannenzapfensegen vorbei. Und seht ihr, seit dieser Zeit hat auch kein Waldmännlein mehr einem Menschenkind nur einen von seinen gedörrten Tannenzapfen geschenkt.

Onkel Georg mit dem Schnurrbart erschien heute mit wichtiger Miene und einem dicken Buch zum Märchen-Treffen bei der Großmutter. „Hättest du etwas dagegen", fragte er, „wenn ich diesmal an deiner Stelle als Vorleser auftrete?"

„Aber keineswegs", lachte die Großmutter, „das bringt doch Abwechslung in die Sache und ich höre gerne einmal zu."

Auch die Kinder waren neugierig, was sie von Onkel Georg hören würden.

Als sie mit Mandarinen und Keks versorgt waren, räusperte sich Onkel Georg und begann: „Da ist mir ein altes Buch in die Hände gefallen, das ist von einer berühmten böhmischen Schriftstellerin. Božena Němcová hat sie geheißen. Sie hat in einer wunderschönen Erzählung ihrer eigenen Großmutter ein Denkmal gesetzt. ‚Babička' ist der Titel dieser Erzählung und Babička heißt auf Deutsch ‚Großmutter'. Diese Großmutter hat vor ca. 200 Jahren in Böhmen, auf dem Land, gelebt, und trotzdem, dass alles schon so lange her ist, empfinde ich die Schilderung dieser liebenswerten alten Frau als eine Verbeugung vor allen Großmüttern dieser Welt."

Onkel Georg deutete eine Verbeugung zur Großmutter an und die lachte: „Das hast du sehr schön gesagt, lieber Georg, jetzt bin ich aber wirklich sehr neugierig auf die Geschichte meiner Großmutter-Kollegin aus längst vergangenen Zeiten."

„Bin schon so weit", lächelte Onkel Georg und blätterte in dem alten Buch. Dann begann er zu lesen:

Als das Brot noch eine Gottesgabe war

Die Großmutter war in ihrem Heimatdorf eine bekannte Persönlichkeit. Alle mochten sie gern und holten sich bei ihr Rat und Hilfe. Es gab keine Taufe, keine Hochzeit, kein Begräbnis, an denen sie nicht teilgenommen hätte.

Nun war sie zu ihrer ältesten Tochter übersiedelt, um ihr im Haushalt zu helfen und die Kinder zu betreuen. Nach einigen Wochen merkte die Tochter, dass die Großmutter, so sehr sie sich auch freute, bei den Enkeln sein zu können, Heimweh hatte. Therese – so hieß die Tochter – überlegte, was sie dagegen tun könne. Da fiel ihr ein, dass die Großmutter in der Winterszeit daheim immer gern gesponnen hatte, und sie überlegte, ob nicht diese ihr lieb gewonnene Arbeit helfen könne, das Heimweh der alten Frau zu lindern.

So sagte Frau Therese eines Morgens: „Ich habe auf dem Dachboden noch etwas Flachs gefunden, wir hatten ja eine gute Ernte – vielleicht würde es Euch Spaß machen, Mutter, den Flachs zu verspinnen?"

Dieser Vorschlag gefiel der Großmutter. Sie saß nicht gerne müßig da und das Spinnrad war ihr ein liebes, vertrautes Gerät. So stieg sie noch am selben Tag auf den Dachboden, um nach dem Flachsvorrat zu sehen, und am nächsten Tag sahen die Kinder zum ersten Mal in ihrem Leben, wie mit der Spindel und dem Spinnrad gearbeitet wurde.

Wie schön war es erst in der Stube, wenn am Abend auch noch andere Spinnerinnen beisammen waren! Dann erzählte die Großmutter Märchen und die Kinder lauschten gespannt und konnten nicht genug bekommen. Immer wieder bettelten sie

LR

um ein neues und wenn es der Großmutter zu viel wurde, dann sagte sie:

„Es war einmal ein Mann,
die Geschichte fängt an.
Es war einmal ein Kalb,
die Geschichte ist halb,
es war einmal eine Maus,
die Geschichte ist aus!"

Und damit hatte das Erzählen für diesmal ein Ende.

Wenn die Großmutter ans Brotbacken ging, war das für die Enkel jedes Mal ein Fest. Zunächst segnete die Großmutter den Backtrog mit dem Knetscheit und diese Segnung wiederholte sie, so oft der Teig in die Hand genommen wurde, bis das fertige Brot auf den Tisch kam. Die Kinder bekamen dann auch immer ein kleines, mit Zwetschen und Äpfeln gefülltes Brot. Das hatte es bisher noch nicht gegeben. Dafür mussten sie es sich aber angewöhnen, auf die Brotkrumen zu achten. Die Großmutter hatte ihnen er-

klärt: „Die Krümel gehören dem Feuer." Sie fegte die Krümel vom Tisch und warf sie in den Ofen. Wenn sie sah, dass eines der Kinder das Brotstück zerbröckelte und auf den Boden fallen ließ, dann hieß sie ihm, die Stückchen aufzuheben und sagte: „Brot darf man nicht mit Füßen treten, es ist eine Gottesgabe!" Es verdross sie auch, wenn der Brotlaib nicht ordentlich und gerade angeschnitten wurde. Auch dafür hatte sie ein Sprüchlein, sie sagte: „Wer mit dem Brot nicht zurechtkommt, kommt auch mit den Menschen nicht zurecht!"

Jedes Stückchen Brot, das übrig blieb, selbst Brotrinden, die die Kinder nicht aufaßen, steckte die Großmutter in ihre alte Basttasche. Kamen sie dann an einem Wasserlauf vorbei, warf sie das Brot den Fischen zu, oder sie zerbröselte es für die Vögel und Ameisen, wenn sie mit den Kindern spazieren ging. Kurz, sie ließ keinen einzigen Bissen verderben und immer mahnte sie: „Brot ist eine Gottesgabe, ohne sie ginge es den Menschen schlecht, und wer sie nicht achtet, den straft der liebe Gott."

Bald richtete sich im Haus alles nach Großmutters Worten. Jeder nannte sie „Großmutter" und was sie sagte und tat, war gut.

„Nun habt ihr es alle gehört, welchen hohen Rang so eine Großmutter schon vor fast 200 Jahren in der Familie einnahm", sagte Onkel Georg, als er das Buch zuschlug. „Meiner Meinung nach sollte es auch so bleiben!"

„Danke, lieber Georg, das ist sehr schmeichelhaft für mich!", lachte die Großmutter, als die Kinder Beifall klatschten. Und dann holte sie noch etwas Gutes zur Stärkung herbei.

Wartet nur, bald . . .

Wartet nur, bald –
zieht St. Niklaus durch den Wald.
Mit Sack und großen Taschen
bringt er Gutes mit zum Naschen
den Kindern groß und klein.

Bald fängt es an zu schnei'n,
weiß werden Baum und Feld
und über dieser Winterwelt
erstrahlt ein Stern. Ein zartes Klingen
soll uns der Weihnacht näher bringen.

I. M. G.

Als sie sich an einem trüben Samstagnachmittag wieder alle bei der Großmutter einfanden, schwenkte diese eine Ansichtskarte und rief: „Schaut nur, die habe ich heute bekommen von meinen Nachbarn, die eine Ägypten-Reise machen! In Ägypten ist es jetzt nicht so grau und nebelig wie bei uns. Dort gibt es Sonne und Farben und Wärme ...“

„Und den Nil, diesen langen, gewaltigen Fluss, der aus dem Inneren Afrikas kommt“, fiel Onkel Georg ein.

„Auf der Karte ist ein Ufer am Nil zu sehen, mit Palmen und viel Grün“, sagte Betty. Die Kinder steckten die Köpfe zusammen, um die Landschaft genau zu betrachten.

„Die Geschichte, die ich heute für euch ausgewählt habe, könnte auch dort, am Ufer des Nils, spielen“, meinte die Großmutter, „denkt doch an die Flucht nach Ägypten. So etwa kann man sich eine Begebenheit auf dem

Weg der Heiligen Familie mit dem Esel vorstellen. Also, seid ihr so weit?"

Die Kinder nickten erwartungsvoll, ihre Augen waren auf die Großmutter gerichtet. Friedl steckte noch schnell eine Dattel in den Mund, dann war auch er bereit.

„Meine Geschichte heißt ‚Kleiner Bruder' und es ist eine ‚ganz stille' Geschichte, über die man ein bisschen nachdenken sollte", sagte die Großmutter und begann zu erzählen.

Kleiner Bruder

Das Flussbett war fast ausgetrocknet. Es gab nur wenig Wasser in der Mitte, doch Palmen und Gesträuch begleiteten die Ufer. Sie schützten einen ausgetretenen Pfad vor der grellen Sonnenhitze. Die Luft flirrte über den Steinen und Sandhügeln. Gleich hinter den Hügeln begann die große Wüste.

Hier zogen sie schon seit Tagen dahin, der Mann, die Frau mit dem Kind und der Esel. Das Kind schlief in den Armen seiner Mutter, es ahnte noch nichts von Flüchtlingsnot und den Gefahren ringsum. So war das eben: Man musste ganz klein und unerfahren sein, um glücklich träumen zu können, man musste dem Paradies noch sehr nahe sein.

„Wollen wir nicht hier rasten?“, fragte die Frau. Da es wie eine Bitte klang, nickte der Mann. Wer weiß, ob sie so bald wieder einen günstigen Platz fanden? Hier gab es Wasser und Schatten, alles andere war unwichtig.

Auch der Esel zeigte sich mit dieser Entscheidung zufrieden. Er hatte ja die Hauptlast zu tragen, und bisher hatte er sich wirklich in Eselsgeduld geübt – wenn man von kurzen, störrischen Anwandlungen absah.

Nun stand er also, die dünnen Beine mit den starken Gelenken in den Boden gestemmt, ließ seine Ohren spielen und sah erwartungsvoll drein. Diese Rast schien ihm eine Belohnung für die Mühsal des langen Weges. Der Mann lud ab, was man ihm aufgebürdet hatte, befreite ihn von Halfter und Sattelgestell und klopfte ihm dankbar das struppige Fell.

„Ruh dich aus, Grauer, und suche dir etwas zu fressen!" Das musste man ihm nicht zweimal sagen. Zielbewusst trabte er auf das Grün zu, das am Rand des Pfades wuchs.

Während der Mann sich um das Nötigste kümmerte, bettete die Frau das Kind auf eine Decke in den Schatten der Palmen.

Auf dem Pfad neben dem Flussbett kam ein anderer Esel dahergetrappelt. Zwei Kinder saßen auf seinem Rücken. Der braune, bloßfüßige Fellachenjunge lenkte das Grautier, seine ältere Schwester, in ein dunkles Tuch gehüllt, saß hinter ihm. Sie hatte die Hände um seinen Leib geschlungen und beide schwangen im Rhythmus der Bewegungen des Tieres mit.

Der Junge sagte: „Da vorne lagern Leute."

„Was sind das für Leute?", fragte das Mädchen, und an ihrem lauschenden Gesichtsausdruck und an dem ins Leere gerichteten Blick war zu erkennen, dass sie blind war.

„Ein Mann ist es und eine Frau mit einem kleinen Kind", sagte der Bruder, „ein Esel ist auch dabei."

Da richtete sich das Mädchen ein wenig auf.

„Bleib stehen, Jusuf! Ich möchte mit ihnen sprechen." Der Junge brummte etwas, verhielt aber doch den Esel dicht vor den Fremden.

„Ich grüße euch! Friede eueren Wegen! Kommt ihr von weit her?", rief das Mädchen.

„Ja, von sehr weit. Wir sind Flüchtlinge", antwortete der Mann.

„Und ihr habt ein kleines Kind dabei? Ist es wach oder schläft es? Ich kann es nicht sehen, ich bin blind."

Ein Lächeln zog über das Gesicht der jungen Frau, als sie zu dem Mädchen auf dem Esel emporsah:

„Mein Kind ist wach und horcht auf deine Stimme. Sie scheint ihm zu gefallen."

Das blinde Mädchen glitt vom Esel herunter und machte ein paar zögernde Schritte auf die Frau zu.

„Darf ich es einmal in die Arme nehmen, das Kind?", bat es und setzte gleich hinzu: „Ich hatte auch eine kleine Schwester, aber sie ist gestorben."

Da legte die Frau das Kind in die Arme der Blinden. Die drückte das warme Bündel an sich und lächelte glücklich.

„Es fühlt sich an wie meine kleine Schwester, so warm und weich!"

„Es ist ein kleiner Junge", sagte die Frau.

„Dann will ich mir vorstellen, es wäre mein kleiner Bruder, ein lieber kleiner Bruder, der mir gehört", sagte das blinde Mädchen.

Aber da begehrte der Junge auf dem Esel neben ihr auf:

„Du hast doch mich, Myriam. Ich bin dein Bruder und passe auf, dass dir nichts zustößt!"

„Ja, ja, Jusuf", beschwichtigte ihn seine Schwester, „du bist ein guter Bruder, aber du bist schon groß und das ist etwas anderes. Ein so kleiner Bruder, der ist nur zum Liebhaben und zum Beschützen!"

Das Mädchen neigte den Kopf und legte seine Wange leicht auf das Köpf-

chen des Kindes. Der Kleine ließ ein fröhliches Krähen hören und griff mit den Händchen nach dem Gesicht des Mädchens. Das flüsterte: „Du lieber kleiner Bruder, du ..." Und es hielt ganz still, um die zarten Finger auf seiner Haut zu spüren.

„Wir sind alle Brüder und Schwestern", sagte die Frau, „nur vergessen wir es zu oft."

Jusuf wurde ungeduldig und stieß seine Schwester an. Da gab Myriam das Kind zurück. „Wir müssen weiter. Friede auf eueren Wegen, möget ihr gut ankommen!" Sie griff in die Korbtasche, die an der Flanke des Esels hing, zog eine gelbe Zuckermelone heraus und hielt sie in die Richtung der Frau mit dem Kind.

„Nehmt das! Mehr habe ich nicht für den kleinen Bruder ..." Die fremden Leute dankten. Das Mädchen schwang sich auf den Eselsrücken, Jusuf schnalzte mit der Zunge und der Esel setzte sich gehorsam in Gang. Die

Blinde hatte die Arme wieder um den Leib des Bruders gelegt, ihr Blick war in die Ferne gerichtet, ein Lächeln lag auf ihrem Gesicht. Nach einer Weile sagte sie leise: „Ich sehe auf einmal, Jusuf!"

Aufgeregt wandte sich der Junge ihr zu: „Kannst du mich sehen oder unseren Esel?"

„Das nicht, nein", Myriam schüttelte den Kopf, „es ist etwas anderes. Ich sehe inwendig, ganz tief drinnen in mir – ich sehe alles, was ich sehen will. Ist das nicht wunderbar?"

Jusuf schwieg. Er verstand nicht, was sie meinte, aber es machte ihn froh, dass sie glücklich war.

„Das war eine schöne Geschichte", seufzte Betty.

„Aber sie war doch ein bisschen traurig", setzte Marlis hinzu.

„Ich mag Esel, kannst du nicht noch etwas von einem Esel erzählen, Großmutter?", bat Hansi.

„Ja, bitte, noch eine Geschichte mit einem Esel!", schrien alle.

Die Großmutter überlegte, dann nickte sie, holte aus ihrem Bücherschrank ein Buch herbei und schlug es auf.

„Hier wird aus dem Leben eines jungen Esels erzählt und so eine Begebenheit will ich euch vorlesen. Stellt euch vor, dass der Krippenesel, den man ja von vielen Darstellungen der Heiligen Familie kennt, in seiner Jugend ein munteres, neugieriges Eselfüllen war. Da könnte es leicht sein, dass sich so eine Szene zugetragen hat, wie ihr sie jetzt hören werdet."

Hansi hatte aus Großmutters Krippe, die nebenan auf der Kommode stand, *den Krippenesel geholt und stellte ihn mitten auf den Tisch.*

„Ja, ja, der ist schon sehr in die Jahre gekommen", lächelte die Großmutter. „Er stammt mitsamt der alten Krippe aus meinem Elternhaus. Offenbar haben wir als Kinder viel mit ihm gespielt, denn es fehlt ihm ein Ohr und das Schwänzchen ist auch abgebrochen. Aber das ist ja das Schöne an den alten Sachen, dass sie so viele Erinnerungen mit sich tragen. Das werdet ihr später einmal besser verstehen!

Aber jetzt zu den Erlebnissen eines sehr jungen Esels."

Als der Krippenesel ein Eselfüllen war

Jeder Tag brachte etwas Neues im Leben des jungen Esels. Zeitig am Morgen sah er die Sonne aufgehen. Er spürte ihre Strahlen wärmer und wärmer werden auf seinem Fell. Er erlebte die heißen Mittagsstunden und den Schatten der Olivenbäume, in den er flüchtete. Wie angenehm war es da!

An der Seite seiner Mutter trabte er den steinigen Weg zur Schafweide hinauf, besuchte die Schafe, die ihn blökend anstarrten, und sah später die Sonne als gelbroten Ball hinter den Bergrücken verschwinden. Dann stieg die Dunkelheit aus den Schluchten und Tälern herauf und das kam dem jungen Esel immer etwas unheimlich vor.

Einmal fragte er ängstlich: „Mama,

was geschieht, wenn die Sonne fortgeht? Nimmt sie dann alles mit, die Gräser, die Disteln, die Bäume, die Schmetterlinge und auch die Schafe?"

Da schüttelte die Eselmutter den Kopf: „Aber nein, mein Kleiner, sie nimmt es nicht mit. Du kannst es nur nicht mehr sehen, weil es finster wird. Trotzdem bleibt alles da, glaube es mir."

„Aber was ist mit dem Schatten? Bleibt der auch da?", fragte der junge Esel weiter.

Die Eselmutter dachte eine Weile lang nach, dann sagte sie:

„Nun, beim Schatten bin ich mir nicht so sicher. Vielleicht nimmt den die Sonne doch mit, aber sie bringt ihn jedes Mal wieder. Am nächsten Tag ist er wieder da, und weil er ausgeruht ist, streckt er sich dann ganz lang und kühl und ist nicht so kurz und klein wie zu Mittag."

Aufmerksam hatte der kleine Esel zugehört. Was die Mutter ihm da gesagt hatte, leuchtete ihm ein, doch weil ihn gerade ein paar freche Fliegen plagten und er sich umsonst abmühte, sie zu vertreiben, rief er laut:

„Sonne, hörst du mich? Nimm doch bitte alle Fliegen mit dir und alle bösen Summsumms, die mich stechen wollen! Du brauchst sie aber nicht mehr zurückzubringen, wie den Schatten von den Olivenbäumen. Ich mag die Fliegen nicht, mein Schwanz ist zu kurz, um sie zu vertreiben!"

Die Eselmutter prustete leise vor sich hin, denn sie musste über die drolligen Worte ihres kleinen Sohnes lachen. Dann sagte sie: „Ich glaube nicht, dass die Sonne auf dich hört, mein Kleiner. Die hat etwas anderes zu tun, als die Wünsche eines dummen jungen Esels zu erfüllen!"

Das ärgerte den kleinen Esel und er rief: „Jetzt bin ich noch klein, aber ich werde doch größer, das hast du selbst gesagt, Mama. Und wenn ich größer bin, muss ich auch gescheiter sein. Dann wird die Sonne bestimmt auf mich hören!"

Die Eselmutter schaute ihn liebevoll an.

„Wenn du größer bist, kannst du dir auch selber die lästigen Fliegen verjagen, dann brauchst du die Sonne nicht dazu, du wirst dir selber helfen können."

„Das ist gut – ja, das ist gut!", nickte der Kleine, „da will ich recht schnell groß und stark werden!" Und er versuchte ein lautes „I-aaa" zu schreien, wie ein richtiger großer Esel. Leider gelang es ihm noch nicht ganz, aber vielleicht am Ende des Sommers ... wer weiß, vielleicht?

„Als Krippenesel in späteren Jahren hat er das dann sicher schon gut gekonnt", schloss die Großmutter ihre Geschichte, „nur wird er möglicherweise doch nicht so laut geschrien haben, um das Christkind nicht aufzuwecken. Meint ihr nicht auch?"

„Als Kind hat auf mich eine Sage aus meiner Heimat besonderen Eindruck gemacht", sagte die Großmutter, „und weil ich sie so um die Weihnachtszeit zum ersten Mal gehört habe, ist sie für mich mit Weihnachten verbunden, trotzdem es ja eigentlich keine richtige ‚Weihnachtsgeschichte' ist!"

„Ich möchte sie aber gerne hören", rief Friedl und die anderen stimmten mit ein. Die Großmutter nickte ihnen zu: „Das habe ich mir gedacht, also: Ohren auf, Mund zu!"

Und sie begann:

Die Sage vom Zwergenbrot

In einem Felsen im Gebirge hausten vor langer, langer Zeit viele kleine, fleißige Bergmännlein. Sie gruben und hämmerten im Gestein und häuften Schätze aus Gold und Silber an. Aber dann sind die Männlein verschwunden, niemand kann sagen, wo sie hingekommen sind, und niemand weiß, wo ihre Schätze ruhen. Es heißt wohl, man könnte sie im Inneren des Felsens finden, aber nur, wenn man ein Sonntagskind ist. Dazu müsste man allerdings zuerst den Goldzapfen besitzen, mit dem man – wie mit einem Schlüssel – eine verborgene Tür im Felsen aufsperren und zu den Schätzen gelangen könne. Darüber redeten die Leute im Dorf oft, aber man wusste eben doch nichts Bestimmtes.

Da geschah es einmal, dass ein armerer Holzknecht in der Morgendämmerung an seine Arbeit ging. Es war sehr kalt und die Nebelschwaden zogen grau und feucht durch den Wald. Als der Holzknecht an einem steil aufragenden Felsen vorbeikam, sah er plötzlich Rauch von einem Feuer aufsteigen und ein angenehmer appetitlicher Duft stieg in seine Nase. Neugierig – aber auch vorsichtig – trat der Mann näher, denn er dachte an die unterirdischen Wesen, die hier vielleicht tätig waren, und wollte sie nicht erschrecken.

Nun, möglicherweise war der Holzfäller-Michel ein Sonntagskind, dem gerade heute das Glück begegnen sollte, wer weiß? Mit einem Mal sah er sich umringt von kleinen Männlein, die alle in grauen Kutten steckten. Die Kleinen liefen geschäftig hin und her, sie schleppten Holz, trugen Wassereimer und bemühten sich um einen Backofen, der neben der Felswand stand.

„He, holla, was tut ihr denn da?", rief der Holzknecht. „Brot backen, Brot backen!", gaben sie ihm zur Antwort. Keuchend schleppte ein Wichtlein einen großen Sack an ihm vorbei. Das konnte der Michel nicht mit ansehen.

„Warte, Männlein, ich helf dir!" Und schon packte er zu und trug – mit zwei Fingern, denn für ihn war das ja keine Last – den Sack zu der Stelle, die ihm der Kleine wies.

„Dank dir schön, starker Michel", sagte das Männlein und der Michel lachte: „Ist gern geschehen, Männlein!" Und dann nahm er sich ein Herz und bat:

„Sag, könnte ich vielleicht ein Stück vom frischen Brot haben? Das esse ich nämlich für mein Leben gern."

Der Kleine nickte freundlich. „Ja, ja, musst nur ein wenig Geduld haben, das Brot ist noch im Ofen, aber es wird bald fertig sein."

Das Brot hatte seine Backzeit, das wusste der Michel ganz genau, und so

nahm er inzwischen seine Axt und machte sich in der Nähe an die Arbeit.

Der Heimweg am Nachmittag führte ihn wieder an dem geheimnisvollen Platz am Felsen vorbei. Ob er wohl die fleißigen Wichte wieder antreffen würde? Doch er wurde enttäuscht, die Umgebung des Felsens war still und leer. Kein Backofen war zu sehen, keine kleinen Bäcker, nichts.

Schon wollte der Holzknecht weitergehen, da rief ihn plötzlich eine Stimme an: „Hee, starker Michel!"

Aus einer Felsspalte lugte ein kleiner Kopf mit einer Zipfelmütze. Es war das Wichtlein, mit dem er am Morgen gesprochen hatte. „Michel, hier hast du dein Brot!" Der Kleine zwängte sich aus der Felsspalte und schleppte einen Laib Brot mit sich, der fast so groß war wie er selber.

Der Michel nahm das Zwergenbrot, bedankte sich und ging weiter seines Weges. Erst zu Hause merkte er, was er da für ein Geschenk bekommen hatte. So viel man auch von dem Brotlaib herunterschnitt, er wurde nicht weniger und blieb immer ganz. Das wunderbare Zwergenbrot machte nicht nur den Michel und seine Familie satt, er konnte davon auch seinen Kameraden und Nachbarn abgeben. Es war ein wahres Zauberbrot.

Einmal allerdings geschah es, dass ein besonders Hungriger auch das letzte Brotstückchen im Nu aufaß und damit war es zu Ende mit dem Zauber. Jetzt konnte ja kein Brot mehr nachwachsen!

So kam es, dass die armen Bauern den Holzfäller-Michel bestürmten, ihnen doch zu verraten, wo ihm die Wichtlein das Zwergenbrot gegeben hatten. Und weil sie so große Not litten, machte sich einer von ihnen auf und ging zur Felsenschlucht, die ihm der Michel beschrieben hatte. Dort angekommen, fand er aber niemanden vor. Verzweifelt setzte er sich auf einen Stein und weinte.

„He, he, du! Warum weinst du denn?" Eines der kleinen grauen Männlein lugte vorsichtig hinter dem Felsen hervor.

Der arme Bauer fuhr sich über die Augen – konnte das wirklich wahr sein? Aber das Wichtlein schaute ihn so treuherzig an, dass er ihm sein Leid klagte.

„Wir leiden arge Not, denn das Zauberbrot, das ihr dem Michel geschenkt habt, ist zu Ende gegangen!"

Da nickte das Zwerglein und rief: „Nun gut, weil einer von euch Menschen uns geholfen hat, so wollen auch wir euch aus eurer Not helfen."

Auf eine Handbewegung des Kleinen hin öffnete sich die Felsspalte und das Männlein führte den Bauern in eine Höhle dahinter. Überall glitzerte und funkelte es von Gold und Silber, der arme Mann kam aus dem Staunen nicht heraus.

„Frisches Brot gibt es heute wohl nicht", sagte der Kleine, „aber du darfst dir dafür so viel von unseren Schätzen nehmen, als du nur tragen kannst."

Inzwischen waren noch andere Männlein hinzugekommen und die halfen nun, die Taschen und auch den Hut des Bauern mit Gold und Silber anzufüllen.

Der überraschte Mann stammelte seinen Dank, doch die Zwerge wollten nichts davon hören und schoben ihn aus der Höhle hinaus. Kaum war er durch die Felsspalte gegangen, war der ganze Geisterspuk verschwunden, alles war wieder leer und still wie vorher im Wald.

Der Bauer eilte mit seinen Schätzen nach Hause und alle Not hatte ein Ende. Die Schatzhöhle in der Felsenschlucht aber hat bis heute kein Mensch wieder gefunden.

„Heute habe ich eine Geschichte vorbereitet, die vor allem Pauli, Hansi und Friedl gefallen wird“, meinte die Großmutter und nickte den Jüngsten zu, die eifrig in die Schüssel mit Nüssen und Dörrobst langten.

„Aber uns soll sie auch gefallen, nicht nur den drei Spitzbuben“, begehrte Brigitte, die ältere Schwester von Pauli, auf. „Ja, ganz recht“, fiel Gertrude ein, „wir freuen uns genauso auf deine Geschichten wie die Kleinen!“

„Das hoffe ich sehr, dass sie auch euch, den Größeren, gefallen“, lächelte die Großmutter. „Denkt doch daran, dass die Gebrüder Grimm, als sie ihre Märchensammlung anlegten, immer von ‚Kinder- und Hausmärchen‘ sprachen. Und Hausmärchen, das waren eben Geschichten, die für Alt und Jung gedacht waren, die man am Abend in der Familie erzählt oder vorgelesen hat – als es weder Radio noch Fernsehen gab.“

„Aber Hausmusik hat es gegeben . . .", ergänzte der lange Peter, der sich heute dazugesellt hatte.

Die Großmutter nickte. „Ja, das war in manchen Familien eine wunderbare Feierabend-Beschäftigung, aber leider ist das jetzt schon eine Seltenheit geworden."

Pauli rutschte unruhig hin und her: „So fang doch schon an mit der Geschichte, Großmutter! Wie heißt sie denn überhaupt?"

„Gleich sollst du sie hören, es geht schon los!"

Hans und der Riese Bullebos

Der kleine Hans stand am Fenster und dachte: Jetzt kommt bald das Christkind, hoffentlich findet es auch hierher zu uns. Vielleicht sollte ich ihm entgegengehen und ihm den Weg zeigen, damit es sich nicht verirrt in dem großen Wald!

Hans war der Sohn des Wildhüters und wohnte mit seinen Eltern ganz allein, weit entfernt vom Dorf. Selten bekam man da Menschen zu Gesicht, besonders im Winter bei Eis und Schnee war es sehr still und einsam hier.

Dafür kannte der kleine Hans die Tiere des Waldes und er wußte auch um die Geister, die es im Moorgebiet geben sollte. Vor allem hatte er schon viel vom Riesen Bullebos gehört, den die Menschen fürchteten. Aber die Sorge, das Christkind könne das kleine Wildhüterhaus verfehlen, ließ ihn die Furcht vor dem Riesen vergessen, und so stapfte der kleine Hans eines Tages allein hinaus in den Wald.

Der Riese Bullebos hauste dort, wo die Bäume so hoch wie Kirchtürme waren und so dicht, dass es unten ganz dämmrig war, auch am hellichten Tag. Große Felsblöcke hockten dazwischen wie riesige graue Katzen und dahinter gab es im Wald ein Moor, das war fast schwarz und in der Mitte so tief, dass ein ganzes Dorf darin hätte versinken können.

Die Menschen mieden diese Gegend, denn man erzählte sich allerlei unheimliche Geschichten über das Moor und den Riesen, der dort hauste.

Aber der alte Riese Bullebos war gar nicht so böse, wie man meinte. Zornig, das war er manchmal, und wenn er zornig war, dann hallte seine Stimme weithin und verbreitete Furcht und Schrecken. So geschah es auch an dem trüben Wintertag, als der kleine

Hans unterwegs war. Der nasse Schnee fiel von den Bäumen, der Nebel hüllte alles in einen grauen Schleier. Es war keine frohe Zeit für Wiesel und Eichkatz, für Krähen und Hasen.

Böse stapft der Riese durch den Wald am Rand des Moores. Ach, er hätte Bäume ausreißen und Felsblöcke zertrümmern können, so wütend ist er. Daran ist der nichtsnutzige Moorzwerg, der Troll, schuld. Er neckt und ärgert den Riesen, wo er nur kann. Das wagt sonst keiner im ganzen Wald, nicht einmal die Moorhexe, die doch gewiss eine unangenehme Person ist.

An diesem kalten Wintermorgen hat der Troll sich eine besondere Bosheit ausgedacht: Er hat den linken Fellstiefel des Riesen heimlich davongetragen. Bullebos braucht aber seine hohen warmen Stiefel, denn er stapft den ganzen Tag im Schnee herum.

„Mein Stiefel! Wo ist mein schöner warmer Fellstiefel?", brüllt der Riese so laut, dass man es bis hinüber ins Dorf hören kann. Erschreckt fliegen die Krähen auf und die Hasen flüchten ins dichte Gestrüpp. Die Leute im Dorf aber versperren die Haustüren, nur die alte Waldfrau, die ebenso einsam wohnt wie der Wildhüter, humpelt aus ihrer Hütte und ruft: „Heee, Bullebos, schrei nicht so, sonst fallen die Schindeln vom Dach meiner Hütte!"

Aber der Riese kümmert sich nicht um ihr Gezeter. Er reißt eine junge Buche aus, schwingt sie drohend in der Hand und brüllt:

„Wer hat mir diesen Streich gespielt? Wer hat meinen schönen warmen Fellstiefel gestohlen?"

Da meldet sich eine Stimme vom nächsten Baum herunter: „Hehe, Bullebos, was gibst du mir, wenn ich dir verrate, wo dein Stiefel zu finden ist?" Ein junger Eichkater ist es, der auf einem Ast sitzt.

„Frecher Rotschwanz, willst du mich zum Narren halten? So sprich schon, wo ist er? Sprich, du Fuchsbraten!“, poltert der Riese.

„Gib mir eine Hand voll Nüsse und ich sage es dir!“ Da wirft ihm Bullebos brummend eine Hand voll Nüsse zu. Der Eichkater stürzt sich darauf und ruft:

„Der Troll war es. Ich habe es gesehen, er hat deinen Stiefel und ist damit auf seine Moorinsel!“ Und dann ist der Eichkater auf und davon.

Noch wütender wird da der Riese. Er schleudert die junge Buche weit von sich. Sie fliegt bis zur Hütte der Waldfrau und bleibt vor ihrer Tür liegen. Die Waldfrau humpelt heraus, schaut den langen Stamm an und freut sich.

„Oh, das ist festes Brennholz, das kann ich gut gebrauchen. Hab vielen Dank, Bullebos!“

Aber der Riese hört gar nicht hin, er stapft geradewegs auf das Moor zu. Sein rechter Fuß steckt im Fellstiefel, um den linken, an dem ihm der Stiefel fehlt, hat er eine Rehhaut gebunden.

Die ist schon ganz nass, es ist ein mühsames Gehen damit. Endlich steht der Riese am Rand des dunklen Moores und er wagt sich nicht weiter, weil er weiß, dass er in dem tückischen Sumpf versinken würde. So schreit er mit seiner mächtigen Stimme:

„Heeee, Troll, wo steckst du? Troll, hörst du mich?" Die Irrlichter der Moorhexe huschen ängstlich in ihre Schlupfwinkel, der kleine nichtsnutzige Troll aber steckt seinen Kopf aus dem gestohlenen Stiefel und ruft:

„Hier bin ich, Bullebos! Hier auf meiner Moorinsel und ich habe es recht gemütlich in deinem Fellstiefel. Komm doch und hole ihn dir!" Oh, wie da der Riese schreit und tobt! Vor Wut tanzt er am Rand des Moores hin und her. Was kann er schon ausrichten gegen den unverschämten kleinen Troll, der mitten im Moor in dem warmen Fellstiefel sitzt?

Und der Troll höhnt weiter: „Hee,

mächtiger Bullebos, hole ihn dir doch, wenn du kannst!"

„... wenn du kannst ...", kichert die Moorhexe dazu.

„Ich werde es euch schon zeigen! Ich werde Bäume ausreißen und eine Brücke übers Moor bauen und dann ...", schreit der Riese.

Aber da lacht der Troll nur noch mehr und springt aus dem Stiefel: „Hee, Bullebos, löse mir ein Rätsel und du sollst deinen Stiefel zurückhaben. Du kannst doch Rätsel lösen, wie?"

Nun hat der Riese Bullebos wohl einen mächtigen Schädel, aber sehr klug ist er nicht und Rätsel lösen ist nicht seine Stärke. Das ist eben die Boshaftigkeit des kleinen Trolls, deshalb hat er das ja gesagt.

Bullebos niest dreimal – er steht ja mit einem Fuß im eiskalten Schneewasser –, dann schnaubt er:

„Was ist das für ein Rätsel?"

Da kichert der Troll: „Weißt du das?

Wer ist König ohne Land,
ohne Kron', ohne Gewand?

Kannst du das Rätsel lösen?" Ratlos schüttelt der arme Riese den Kopf. Er wiederholt das Sprüchlein, aber eine Antwort darauf hat er nicht.

„Bis morgen gebe ich dir Zeit", sagt der Troll. Er hüpft vergnügt übers Moor und trällert dazu:

„Bullebos, ach Bullebos,
wärst du lieber klug statt groß!"

Wütend stapft der Riese zurück durch den Wald. Niemand wagt es, ihm über den Weg zu laufen. Er denkt nach, er denkt schrecklich nach, aber es hilft nichts, es fällt ihm keine Lösung ein. Ach du liebe Zeit, er braucht doch seinen linken Fellstiefel, er braucht ihn so dringend!

Da – auf einmal hört er es schluchzen, weinen. Verwundert bückt sich der Riese. Das Schluchzen kommt aus dem Tannendickicht. Richtig, da sitzt ja wer – ein Mensch, ein kleiner Junge. Es ist, natürlich, es ist unser Hans, der Sohn des Wildhüters. Keine Spur vom Christkind oder dem himmlischen Gefolge hat er gefunden. Verlaufen hat er sich und jetzt ist er sehr verzweifelt, weil er nicht mehr nach Hause findet. Und wie er das große Gesicht des Riesen über sich sieht, weint er noch viel lauter.

„Ja, was machst denn du in meinem Wald?", fragt der Riese streng.

„Ich habe mich verlaufen und finde nicht mehr nach Hause", schluchzt der kleine Hans. Natürlich hat er große Angst vor dem Riesen, von dem er schon so viel gehört hat. Aber Bullebos schaut ihn ganz freundlich an, packt ihn vorsichtig und setzt den Hans auf seine Schulter. Die ist so breit wie der Küchentisch zu Hause beim Wildhüter, und der Junge vergisst vor Staunen seine Angst. Eigentlich ist es recht vergnüglich auf der Schulter des Riesen zu reiten!

Bullebos stapft jetzt quer durch den Wald auf das Haus des Wildhüters zu, er kennt sich hier gut aus.

Da bemerkt der kleine Hans plötzlich, dass der Riese nur einen Stiefel hat.

„Warum trägst du denn nur einen Stiefel, Riese?“, fragt er. Es ist ja auch verwunderlich.

Der Riese ist froh, dass er sich seinen Kummer vom Herzen reden kann, und so erfährt Hans die ganze Geschichte. Zuletzt erzählt der Riese noch von dem Rätsel, das ihm der Troll aufgegeben hat.

„Was ist das für ein Rätsel?“, will Hans wissen. „Vielleicht kann ich dir helfen, im Rätselraten bin ich gut.“ Bullebos muss erst eine Weile nachdenken, dann schnauft er:

„Wer ist König ohne Land,
ohne Kron', ohne Gewand?“

Da lacht der kleine Hans laut auf und ruft: „Das ist doch nicht schwer zu erraten! Ein König ohne Land, ohne

Kron' und ohne Gewand, das kann nur der Zaunkönig sein, der kleine Vogel, der im Gestrüpp sein Nest baut, verstehst du, Riese?"

Bullebos weiß nicht, was er vor Freude anfangen soll. Er springt und tanzt wie närrisch im Schnee herum. Dem kleinen Hans wird ganz schwindlig auf der Riesenschulter.

Ja, und so kommt alles zu einem guten Ende. Hans kehrt wohlbehalten zu seinen Eltern zurück, die sich schon Sorgen gemacht haben um den Jungen. Der Riese Bullebos bekommt seinen schönen, warmen Fellstiefel wieder, und der nichtsnutzige kleine Troll hat von nun an viel weniger Lust, dem Riesen einen Schabernack zu spielen. Dass das Christkind auch ohne die Hilfe des kleinen Hans ins Wildhüterhaus gefunden hat, brauche ich wohl nicht zu erwähnen, das himmlische Kind kennt sich ja auch im tiefsten Wald aus!

Doch es bleibt noch etwas zu sagen:

Bullebos hat von dem eiskalten Schneewasser ohne seinen Fellstiefel einen großmächtigen Riesenschnupfen bekommen, aber auch der ist inzwischen wieder geheilt.

„Das Rätsel war zu leicht, das der Troll dem Riesen aufgegeben hat", murmelte Pauli, als die Großmutter geendet hatte. „Ich hätte ein viel schwereres gewusst!"

„Ja, du bist eben ein ganz besonderer Schlaumeier und ein Großmaul dazu!", lachte ihn Brigitte aus.

„Pass auf! Weißt du das: Angefertigt ist es schon lang, aber jeden Tag wird es neu gemacht. Was ist das?"

Marlis und Brigitte sahen einander verblüfft an.

„Ha, ihr wisst es nicht!", triumphierte Pauli.

„Das gibt es doch gar nicht, das ist ein Unsinn", meinte auch der lange Peter.

„Gibt es doch! Etwas, das schon lange angefertigt ist und doch jeden Tag neu gemacht werden muss, ist – das Bett!"

Jetzt lachten alle. „Bravo, das war wirklich nicht so einfach zu erraten!", rief die Großmutter.

Und Onkel Georg mit dem Schnurrbart grinste und sagte: „Wer kann mein Rätsel lösen: Leni und Lisi sind Zwillinge. Sie haben einen weiten Schulweg. Sie brauchen am Morgen 1 Stunde und 20 Minuten. Auf dem Heimweg brauchen sie aber 80 Minuten. Wieso?“

Stille und ratlose Gesichter. Onkel Georg strich seinen Schnurrbart. Aber da begann die Großmutter zu lachen. Dann lachte auch Betty und Brigitte rief: „80 Minuten sind doch 1 Stunde und 20 Minuten. Wo liegt da das Rätsel?“

„In den kleinen grauen Gehirnzellen“, grinste Onkel Georg.

„Heute will ich euch von einem ganz besonderen Weihnachtsfest erzählen, das ein kleines Mädchen – ich habe es Marei genannt – erlebt hat", begann die Großmutter. Die Kinder rückten zusammen. Wie immer freuten sie sich schon auf Großmutters Geschichten. Das Weihnachtsfest stand ja vor der Tür, da wurde die Vorfreude darauf durch so eine Geschichte noch erhöht. Die Großmutter sah lächelnd in die Runde, zu der sich jetzt auch Minka, ihre Tigerkatze, gesellt hatte. Vielleicht wollte sie auch zuhören oder einfach nur gestreichelt werden. Alle waren bereit und Großmutter erzählte:

Ein besonderes Weihnachtsfest

Endlich war der Heilige Abend angebrochen. Vom Morgengrauen an schlugen die Kinderherzen höher. „Heiliger Abend" – diese zwei Worte sind Melodie, beglückende Heimlichkeit, ungeduldige Erwartung. Der ganze Tag ist auf die Stunde der Dämmerung ausgerichtet, man fiebert dem Abend entgegen. Das ist ein einzigartiges, wundervolles Gefühl.

Noch im Bett liegend, schnupperte Marei nach den Düften, die seit gestern die Wohnung durchzogen. Kein Zweifel: Es roch nach Weihnachten! Tannenzweige verströmten harzige Frische, der zum Aufgehen bereitgestellte Striezel sandte aus der Küche ein Duftgemisch aus warmer Hefe, Mandeln, Zitronat und Vanille. Dazu mischte sich wie jeden Morgen das

Kaffeearoma und irgendwie, ganz unterschwellig, war da ein leiser Fischgeruch dabei, der kam vom Weihnachtskarpfen aus der Speisekammer.

Das Mädchen Marei genoss diesen Augenblick des glücklichen Erwachens an diesem besonderen Tag. Dieses „Endlich-ist-Heiligabend-Gefühl" gab es ja nur einmal im Jahr. Dazu gesellte sich heuer auch noch die Freude, dass die Mutter aus dem Spital heimkommen sollte, dass sie wieder gesund war – es schien fast zu viel des Glücks für Marei.

Sie stand auf und zog sich nach kurzer Katzenwäsche an; heute hatte ja keiner Zeit zu strengen Kontrollen! Dann trank sie bei der Köchin in der Küche den Kakao. Es gab Butterbrot ohne Marmelade dazu, denn heute war ja noch bis abends Fasttag. Zu Mittag würde es nur eine Erbsensuppe mit Brotschnitten geben, aber die mochte Marei eigentlich sehr gerne.

In einer Ecke des Wohnzimmers

durfte sie dann die Krippe aufstellen. Es war eine schöne alte Weihnachtskrippe mit vielen Figuren, die schon im Hause der Großeltern gestanden war. Hinter dem Stall kam ein Wald von Tannenzweigen und vor der Krippe stellte sie zwei Kerzen auf. Der Stern auf dem Dach wollte nicht halten und der dreibeinige Ochse fiel immer um. Die Arbeit nahm einige Zeit in Anspruch, und als sie beendet war, mussten alle Puppen festlich angezogen und hergerichtet werden. Dazwischen wurde Marei immer wieder abkommandiert, um Nüsse zu schälen oder Rosinen zu klauben. Auch Jens, der jüngere Bruder, wollte beschäftigt werden – Marei hatte alle Hände voll zu tun. Aus der Küche kamen jetzt wahre Duftorgien. Der im Backofen bräunende Striezel duftete um die Wette mit dem Apfel-Zimt-Kuchen. Der säuerliche Geruch der Majonäse vermischte sich mit dem der Fischsuppe und des Karpfens, der in handliche

Stücke zerlegt wurde. Dazu kamen noch Wellen süßen Duftes von Vanillekipferln, Lebkuchen und anderem Gebäck, das auf der großen Silberschüssel aufgelegt wurde.

Die Kinder umkreisten diese Schüssel, schnuppernd wie Hundewelpen an einem frischen Knochen. Manchmal fiel doch ein Stückchen – ganz zufällig – für sie ab und das schmeckte dann doppelt so gut.

Am Nachmittag holte Gerda, die im Hause wohnte, die Geschwister ab zum Spazierengehen. Sie war schon ein großes Mädchen, fast erwachsen, und Marei sah immer mit Bewunderung zu ihr auf. Für diesen Ausgang gab es einen ganz bestimmten Fahrplan, der eingehalten werden musste. Zuerst wurde eine Schachtel mit Weihnachtsbäckerei bei Fräulein Bloch, der Hausschneiderin, abgegeben. Das alte Fräulein mit dem verletzten Bein wohnte nur ein paar Häuser entfernt und freute sich sehr, wenn die Kinder

kamen. Stets war zu Weihnachten – trotzdem sie mosaischen Glaubens war – ein Bäumchen in ihrem Zimmer geschmückt und alles ringsherum strömte bescheidene Zufriedenheit aus. Fräulein Bloch nahm mit Dank und Rührung das Päckchen entgegen, steckte Marei eine Schokoladekatze in Stanniolpapier zu und wünschte ein frohes Fest.

Die Kinder trabten weiter. Es war kalt und es fing an zu schneien. Am liebsten hätte Marei ununterbrochen „Leise rieselt der Schnee" vor sich hin gesungen, doch sie schämte sich vor Gerda, die groß und vernünftig neben ihnen ging.

Nun gab es noch zwei Säckchen, die sie mit sich trugen. In dem einen waren Kuchenkrümel, Nüsse und Speckschwarten für Vögel und Eichkätzchen, in dem anderen befanden sich zwei Grablichter und eine Schachtel Zündhölzer. Seit jeher war es in der Familie Brauch, dass am Heiligen

Abend ein Besuch auf dem Friedhof gemacht wurde.

So trabten die Kinder quer durch den großen Park hinauf zum Friedhof neben der Kirche. Ihre Schuhe hinterließen im frisch gefallenen Schnee Abdrücke. Das Weiß hatte sich auch schon in den Zweigen der Bäume und Sträucher festgesetzt. Trotz der frühen Nachmittagsstunde wich die Tageshelligkeit bereits einem zarten Grau, dem Vorboten der Dämmerung. Auf einem Futterplatz für Vögel leerte Marei ihr Säckchen aus. Dann war es aber Zeit, noch die letzte aufgetragene Arbeit zu verrichten. Auf dem Friedhof bei den Gräbern wurden die Lichter angezündet und dann ging es eilig heimwärts.

Die Vorfreude auf das Kommende beschleunigte ihre Schritte. Die Milchfrau am Eck zog schon den Rollladen herunter. Sie hatte eine rote Nase und rote Hände und lachte den Kindern zu: „Schnell nach Hause mit euch! Ich glaube, bei euch wartet schon das Christkind!"

Marei und Jens stürmten die Stiegen hinauf, beinahe hätten sie vergessen, sich von Gerda zu verabschieden. Sie klingelten wie wild an der Wohnungstür und platzten mit dem Ruf „War das Christkind schon da?" ins Vorzimmer. Da stand zwar nicht das Christkind, aber die Mutter. Sie breitete die Arme aus und zog die Kinder an sich. Jens japste in der engen Umarmung: „Mami, hat dich das Christkind mitgebracht?" Die Mutter lachte und ihre Augen glänzten. „Meine Kinder", sagte sie, „heuer gibt es ein ganz besonderes Christkind – eines, das bei uns bleibt. Kommt, ich zeige es euch!" Sie führte die beiden ins Schlafzimmer, wo in einem weiß ausgeschlagenen Wäschekorb ein winziges Baby schlief.

„Das ist euer kleiner Bruder. Seid immer lieb zu ihm!" Marei stand zunächst sprachlos vor dem Korb. Sie hatte sich doch eine Babypuppe gewünscht, in einem rosa Wickelpolster, ob das das Christkind am Ende verwechselt hatte?

Doch als dann später die Glocke zur Bescherung läutete, da stand unter dem Christbaum eine kleine Wiege, in dem eine rosa gewickelte Babypuppe lag. Sie streckte Marei ihre Zelluloidhändchen entgegen, und da war das Entzücken so groß, dass sie ganz vergaß, auf dem Klavier „Stille Nacht, Heilige Nacht“ zu spielen. Der Vater musste das für sie erledigen.

Es war eben ein ganz besonderes, bedeutsames Weihnachtsfest.

„Großmutter, bitte, kannst du nicht noch eine Geschichte von einem Riesen erzählen?", bettelte Pauli, dem der Riese Bullebos mit seinem Fellstiefel immer noch im Kopf herumspuk.

„Von einem Riesen?", lächelte die Großmutter. „Dürfen es vielleicht ein paar mehr sein?"

„Ja, ja, fein – je mehr, desto besser", schrie Pauli und die anderen fielen mit ein.

„Na gut, da weiß ich eine Geschichte von ‚Mü, Mu, Mö und Mo' und das waren vier Riesen ...", fing die Großmutter an. Pauli grinste erfreut und alle rückten zusammen.

Die Geschichte von den vier Riesen

Die vier Riesen Mü, Mu, Mö und Mo lebten im hohen Norden, wo es viel Eis und Schnee gab. In dem Land herrschte ein weiser und guter König, den alle Leute mochten. Nur die Riesen nicht. Die vier waren eine richtige Landplage und das wollte der König nicht dulden. Deshalb empfanden ihn die Riesen als Feind und versuchten immer wieder, ihm einen Streich zu spielen.

Einmal kam nun der Riese Mü auf das Schloss gestapft und verlangte allen Ernstes die hübsche Tochter des Königs zur Frau.

„Was fällt dir denn ein – du bist wohl nicht bei Trost?“, rief der König. Mü aber beharrte auf seinem Wunsch. Er versprach dafür, seine drei ungehobelten Brüder für immer vom Königreich fern zu halten.

Das hieße Friede und Ruhe für uns alle, dachte der König. Die hübsche Königstochter aber weinte und jammerte:

„Nein, nein, Papa, diesen struppigen Riesenkerl heirate ich nie und nimmer!"

Was sollte der arme König da nur tun? Ruhelos ging er auf und ab, er überlegte und grübelte. Im Hof des Schlosses trat ihm ein Stalljunge in den Weg. Aufgeregt stotterte er:

„Herr König, ich weiß, wie da zu helfen wäre, was man gegen die schrecklichen Riesen unternehmen könnte . . ."

Erstaunt sah der König den Burschen an. „Was weißt du? Wie willst du mir helfen . . .?"

„Mit Verlaub, ich nicht, aber meine Großmutter könnte das. Sie verwünscht einfach alles, was ihr nicht passt, in einen Elfenhügel. Dort kann es dann keinen Schaden anstellen, hat sie gesagt." Elfenhügel nennt man in den nordischen Landen die Kuppen in der Ebene, auf denen der rote Fingerhut, eine giftige Pflanze, wächst. Die Leute sagen diesen Hügeln und Pflanzen geheimnisvolle Kräfte nach.

Der König überlegte nicht lange, dann ließ er die Großmutter des Stalljungen aufs Schloss holen und erzählte ihr von seinen Sorgen.

Die Alte nickte und sagte: „Ja, ja, lasst mich nur machen, Herr König, ich will Euch schon von den Riesen befreien."

Und dann riet sie dem König, er solle doch morgen alle vier Riesen zu sich aufs Schloss einladen. „Ich werde auch da sein und die Kerle empfangen", meinte sie, „seid nur ganz ohne Sorge!"

Als die Riesen Mü, Mu, Mö und Mo nun am nächsten Tag dahergepoltert kamen, sah sich der Älteste, Mü, gleich siegessicher nach der hübschen Prinzessin um. Doch da trat ihm die Großmutter in den Weg. Erbost schrie Mü:

„Schau, dass du weiterkommst, alte Vogelscheuche, ich komme, um mir die Prinzessin anzusehen!"

„Nur langsam, langsam, nicht so ungestüm, Söhnchen", kicherte die Alte. Sie streckte ihre Hand gegen ihn aus und murmelte:

„Werdet klein, klein, klein –
ich wünsch euch in den Hügel
hinein!"

Es war eine sehr wirksame Hexerei: Die vier Riesen schrumpften zusammen wie trockene Blätter und der Wind wehte sie davon über Berg und Tal.

Nun sitzen sie als winzige Männlein in einem Elfenhügel mitten im kahlen Hochland und mühen sich ab, einen Gang durch das Erdreich zu graben, um wieder herauszukommen.

Könnt ihr euch vorstellen, wie glücklich da der König und seine hübsche Tochter waren? Alle Menschen im ganzen Land atmeten auf, dass sie von den vier Unholden befreit waren und dass Mü, Mu, Mö und Mo keine bösen Streiche mehr treiben konnten.

Der Stalljunge und seine alte Großmutter aber waren die Glücklichsten, denn sie wurden reich belohnt und durften auf dem Königsschloss wohnen bleiben.

„Bestimmt war diese Großmutter eine Zauberin", meinte Pauli, als die Geschichte zu Ende war. „Schade, dass du nicht auch zaubern gelernt hast, Großmutter!" Die Großmutter lachte: „Wer weiß, was ich alles kann, lasst euch nur überraschen!"

Hansi sprang ihr bei, er zählte auf: „Großmutter kann nähen und stricken und Kinder gesund pflegen, wenn sie krank sind. Und Marmelade einkochen und – Geschichten erzählen kann sie am allerbesten!"

Die anderen lachten.

„Ja, das ist manchmal mehr, als bloß ein Kaninchen aus dem Hut zu zaubern!", sagte Brigitte und legte den Arm um die Großmutter. Auch Minka, die Tigerkatze, mauzte zustimmend. Sie fand, es wäre schon an der Zeit, dass ihre Katzenschüssel gefüllt würde.

Die Großmutter hatte das gleich verstanden. Sie stand auf und ging in die Küche. Minka lief eilig hinter ihr her.

„Na, seht ihr, Großmutter versteht auch die Katzensprache", sagte Friedl. „Herrschaften, diese Großmutter ist die beste. Ich brauche keine andere!" Und dem mussten alle zustimmen.

Wieder einmal war Onkel Georg – mit dem Schnurrbart – zum Treffen bei der Großmutter erschienen. Alle hatten ihn freudig begrüßt. Onkel Georg hatte auch wieder das Buch der alten böhmischen Schriftstellerin mitgebracht, aus dem er schon einmal ein Kapitel vorgelesen hatte.

„Das ist fein, heute ist die Reihe an Onkel Georg und da habe ich Ruhetag und kann auch einmal zuhören!", sagte die Großmutter. Sie hatte den Tisch zu einer Advent-Vesper gedeckt und die Kerzen am Kranz, der in der Mitte lag, angezündet.

„Drei Kerzen sind es jetzt schon", verkündete der kleine Hansi und er stellte befriedigt fest: „Und jetzt dauert es nicht mehr lange, bis das Christkind kommt!"

Alle schauten erwartungsvoll drein, auch die „Großen".

„Ja, und deshalb habe ich auch ein Kapitel aus dem alten Buch von der Božena Němcová ausgesucht, das die

Weihnachtszeit auf dem Land beschreibt. Es ist eine Zeit, die schon fast 200 Jahre her ist und die ihre eigenen Bräuche und Sitten hatte. Manches davon, wie es zum Beispiel gleich am Anfang beschrieben wird, klingt für uns aber noch durchaus vertraut, und auch die Vorfreude auf das Weihnachtsfest der Kinder hat sich ja bis heute nicht verändert. Dass die ‚Babička' – die Großmutter – dabei eine wichtige Rolle spielt, wird euch sicher nicht überraschen."

Dann fing Onkel Georg an zu lesen und alle hörten gespannt zu.

Wie es damals war . . .

Am liebsten war es den Kindern, wenn die Großmutter begann, Märchen zu erzählen: von Prinzessinnen, die einen goldenen Stern im Stirnreif trugen, von Rittern und Prinzen, die verzaubert wurden, von Nüssen, in die prächtige Gewänder eingeschlossen waren, von stolzen Schlössern und Teichen, auf deren Grund Wassermänner und Nixen wohnten.

Da prasselten im Ofen die Holzscheite, flammende Kienspäne erleuchteten die Stube, in der man die Bänke für die Spinnerinnen aufgestellt hatte. Dann klappte die Haustür und die Frauen aus der Nachbarschaft kamen. Bald fingen sie an zu schwatzen und zu erzählen, aber es wurde auch emsig gesponnen.

Wie die Kinder diese Zeit genossen!

Immer wieder erbettelten sie von der Großmutter neue Geschichten, aber die Großmutter konnte dann manches Mal auch schnell mit den Plagegeistern fertig werden. Sie begann also von einem Hirten zu erzählen, der dreihundert Schafe auf die Weide treiben sollte und dabei zu einem Steg kam, der so schmal war, dass nur ein Schaf nach dem anderen hinübergehen konnte. Dann machte die Großmutter eine Pause und sagte verschmitzt:

„Und jetzt, meine Lieben, müssen wir warten, bis alle 300 drüben sind."

Wenn die Kinder dann nach einer Weile fragten: „Großmutter, sind jetzt schon alle drüben?", schüttelte sie den Kopf und sagte: „Aber was fällt euch ein! Das dauert noch mindestens eine Stunde, bis alle Schafe auf der anderen Seite sind!"

Oder sie begann: „Wenn ihr unbedingt eine Geschichte wollt, sollt ihr sie haben. Ich habe 77 Taschen und in jeder steckt eine Geschichte. Welche wollt ihr denn hören?"

„Die aus der zehnten Tasche", rief eines der Kinder. Die Großmutter nickte, doch dann schüttelte sie bedauernd den Kopf: „Es ist die Geschichte eines kleinen Vogels, aber leider ist er gerade davongeflogen und kommt erst morgen wieder!" Solche Scherze konnte die Großmutter eben auch machen.

Den Lucientag, den 13. Dezember, fürchteten die Kinder, denn es herrschte nämlich der Aberglaube, dass die Lucia in der Nacht umgehe. Die stellte man sich als großes, zerzaustes Weib in einem langen weißen Gewand vor, das angeblich die schlimmen Kinder in ihrer Bütte mitnehmen sollte.

Die Großmutter mochte es gar nicht, wenn man mit solchen Dingen die Kinder schreckte. Sie selber kannte keine Furcht, denn sie trug in ihrem Herzen ein festes, unerschütterliches Vertrauen auf Gott. Dieses Vertrauen versuchte sie auch in die Seelen der Kinder zu pflanzen.

In der Mühle war es ebenso wie im Forsthaus und im Gehöft Sitte, dass jedermann, der am Heiligen Abend oder an den Weihnachtsfeiertagen ins Haus kam, mit Speis und Trank bewirtet wurde. Wäre nun einmal keiner vorbeigekommen, hätte die Großmutter gewiss an der Wegkreuzung gestanden, um einen fremden Wanderer einzuladen.

Jedes Jahr nahmen sich die Kinder vor, bis zum Abend zu fasten. Sie wollten, wie es im Volksglauben hieß, das „goldene Schweinchen" sehen, aber dazu kam es nie: Der Geist war zwar willig, aber das Fleisch war schwach. Und der Hunger zu groß!

Am Heiligen Abend wurde jeder reich beschenkt, selbst die Tiere im Stall bekamen ein Stück vom Weihnachtskuchen. Nach dem festlichen Essen nahm die Großmutter die Reste aller Speisen, die auf den Tisch ge-

Ehre sey Gott in der Höhe
Friede auf Erden.
L. R.
1855

kommen waren, und warf dann die Hälfte davon in den Bach, damit das Wasser rein und gesund bleiben möge – so sagte sie. Die andere Hälfte aber vergrub sie im Garten unter einem Baum, damit die Erde fruchtbar bleibe. Die Krumen kamen ins Herdfeuer, damit es im kommenden Jahr keinen Schaden anrichten solle.

Die größeren Mädchen schüttelten hinter dem Stall den Fliederbusch und riefen dazu:

„Fliederbaum, ich rüttel dich,
Fliederbaum, ich schüttel dich,
lass bellen einen Hund,
dort, wo mein Schatz zu dieser
Stund'!"

Das war ein Orakel, genauso wie das Bleigießen oder die Nussschalen, die mit angezündeten Kerzchen auf dem Wasser schwammen.

Wenn dann der Tisch abgeräumt war, fragten die Kinder: „Bringt uns jetzt das Christkind etwas?" Sie waren ganz aufgeregt. Die Großmutter lächelte: „Wer weiß? Seid nur ganz still und hört, ob das Glöckchen läutet!"

Es dauerte meist nicht mehr lange und sie hörten es wirklich läuten. Die Mutter kam in die Stube und sagte, dass das Christkind seine Gaben in Großmutters Stube gebracht habe.

War das ein Rennen und eine Freude, als sie den geschmückten Christbaum sahen und darunter die Geschenke!

Die Großmutter faltete die Hände und sagte zu ihrer Tochter: „Es ist ein schöner Brauch mit dem Lichterbaum und es ist gut, dass du ihn auch weiterführst, Therese! Früher kannten wir das ja gar nicht. Für die Kinder wird es einmal eine wunderbare Erinnerung sein, wenn das Leben sie härter anpackt!"

Kaum hatte sie das gesagt, ertönte draußen das Hornblasen. Zuerst war es die Melodie des Hirten-Weihnachtsliedes, dann begann der Hirte zu singen:

„Kommet, ihr Hirten, ihr Männer
und Frauen,
kommet das liebliche Kindlein zu
schauen . . ."

„Ohne dieses Lied wäre mir am Christtag gar nicht so fröhlich zumute", meinte die Großmutter. Voll Freude lauschte sie auf die alten Weisen, dann ging sie hinaus und füllte dem Hirten die Taschen mit guten Dingen vom Weihnachtstisch.

Da waren noch die weihnachtlichen Festspeisen: Hirsebrei mit Honig, Hefegebäck mit Mohn und Erbsen mit Speck. Bei dieser Aufzählung im Kreise ihrer Lieben schmunzelte die Großmutter. Ihre Tochter Therese aber sagte: „Auf das Dörrobst sollten wir nicht vergessen, obzwar ich es eigentlich nie so gern mochte!"

Am Stefanitag gingen die Jungen in die Mühle und ins Forsthaus hinüber Weihnachtslieder singen und Gaben heischen. Wären sie nicht gekommen, hätten die Nachbarn gedacht, die Decke sei über ihnen eingestürzt. Alles hatte seine Ordnung und alles sollte so ablaufen, wie man es gewohnt war, denn sonst war Weihnachten eben nicht ihr Fest – die schönste Zeit im Jahr.

„So, nun habt ihr gehört, wie es damals war und welche Bräuche man auf dem Land vor über 100 Jahren gepflegt hat", schloss Onkel Georg und schaute in die Runde.

„Sehr viel anders war es ja doch nicht", meinte der lange Gustl, „die Hauptsache ist der schöne Christbaum und die Bescherung, auf die sich alle freuen."

„Ja, das ist gleich geblieben", nickte die Großmutter. „Auch der Weihnachtsstriezel und die Lebkuchen haben schon eine lange Tradition. Die schmecken uns heute wie damals." Sie schnitt den Adventkuchen auf und legte jedem ein Stück auf den Teller.

Sogar die Katze Minka blinzelte begehrlich auf den Tisch, wo es doch für sie nichts Interessantes gab. Oder doch? Die Großmutter lächelte: „Ich weiß, was Minka haben möchte – eine Rosine aus dem Kuchen. Auf die ist sie ganz versessen."

„Miau", rief Minka, „mehrere Rosinen, nicht nur eine!" Aber das verstand eben nur die Großmutter.

In weihnachtlichen Gassen

Joseph von Eichendorff

Markt und Straßen stehn verlassen,
Still erleuchtet jedes Haus,
Sinnend geh' ich durch die Gassen,
Alles sieht so festlich aus.

An den Fenstern haben Frauen
Buntes Spielzeug fromm geschmückt.
Tausend Kindlein stehn und schauen,
Sind so wundervoll beglückt.

Und ich wandre aus den Mauern
Bis hinaus ins freie Feld.
Hehres Glänzen, heil'ges Schauern
Wie so weit und still die Welt!

Sterne hoch die Kreise schlingen –
Aus des Schnees Einsamkeit
Steigt's wie wunderbares Singen:
O du gnadenreiche Zeit!

Die Großmutter schlug diesmal ein Buch auf, das schon ziemlich abgegriffen und alt aussah, und sie sagte dazu:

„Von Peter Rosegger, dem bekannten österreichischen Dichter, kennt ihr wohl alle die Geschichte ‚Wie ich Christtagsfreude holen ging'. Da erzählt er aus seiner Kindheit als Waldbauernbub, der in der Ärmlichkeit und doch auch Geborgenheit seines Elternhauses in längst vergangenen Tagen aufwächst.

Ihr sollt heute aber eine andere, nicht so bekannte Geschichte von Peter Rosegger hören. Sie passt so schön in die Weihnachtszeit – auch, wenn unsere Weihnachtszeit um gut hundert Jahre von der damaligen entfernt ist.

Der Erzähler ist der Schulmeister von Winkelsteg – der Lehrer also, der zugleich als Organist in der kleinen Kirche tätig ist. Wahrscheinlich war er nicht mehr ganz jung, der Schulmeis-

ter, vielleicht schon ein älterer Mann mit Falten im Gesicht und grauen Haaren, aber gewiss mit viel Liebe zur Musik und zu seiner Orgel. Das werdet ihr aus der Erzählung heraushören!"

Christmette in der Dorfkirche von Winkelsteg

Peter Rosegger

Ich habe das Licht in meinem Zimmer ausgelöscht, das Haus verlassen und bin in die Kirche hinübergegangen. Das ist die Nacht, habe ich mir gedacht, in der wohl auf der ganzen Welt, nah und fern, die Glocken läuten. Es ist ein Freudenruf, der so erschallt und die Lichter strahlen wie ein Gürtel aus Diamanten um den Erdball. Ja, so habe ich es mir in meiner Weihnachtsfreude ausgemalt.

In unserer Dorfkirche ist es heute hell wie am Tag, nur zu den Fenstern schaut die schwarze Nacht herein. Jeder hat ein Stück Kerze oder einen ganzen Wachsstock mitgebracht, denn in der Christnacht muss doch ein jeder seinen Glauben und sein Licht haben.

Die Leute drängen sich um das

Kripplein, das heute an der Stelle des Beichtstuhles aufgestellt ist.

Ich habe vor mehreren Jahren die kleinen Figuren aus Linden- und Eschenholz geschnitzt und sie zur Versinnbildlichung der Geburt Christi zusammengestellt. Es ist der Stall mit der Krippe, in der das Kind liegt, mit Maria und Josef, mit Ochs und Esel. Es sind die Hirten mit den Schafen und Lämmern, die Heiligen Drei Könige mit den Kamelen, und es sind auch jene lustigen Gestalten und Gruppen, die Freude, Wohltun und Liebe zum Christkind ausdrücken sollen. Oberhalb in der Luft hängen Engel und Sterne. Ich habe das immer wieder gerne und voll Stolz über mein Werk angeschaut, auch heute. Aber auf dem Chor ist in dieser Nacht nichts als Unheil gewesen!

Der Herr Pfarrer stimmt schon das Weihnachtslied an, ich sitze vor der Orgel und ziehe zur hohen Festesfreude alle sechs Stimmzüge auf – da platzt jählings der Blasebalg. Die Orgel stöhnt und faucht und gibt keinen einzigen klingenden Ton mehr von sich. Meiner Tage bin ich nicht in solcher Verlegenheit gewesen als in dieser Stunde!

Ich bin der Schulmeister, der Choraufseher, ich muss Musik machen, denn die Musik ist ja eigentlich die Hauptsache des Festes und ohne Musik gibt es in der Kirche keine Christnacht. Stellt euch nur vor: Aller Leute Herzen hüpfen, aller Leute Ohren spitzen sich der Musik entgegen – und da schürft mir der Teufel jetzt den Blasebalg auf!

Ich habe meinen Kopf in die Hände genommen, am liebsten hätte ich ihn zum Fenster hinausgeworfen. Vergebens hüpfen alle meine zehn Finger über die Tasten, das Zeug ist taubstumm und wie mausetot.

Mein Nachbar, der Holzer, mein Weib und die Adelheid von der Schwarzhütte, die auf dem Chor neben mir stehen, merken meine Pein, aber sie rücken nur so hin und her und hüsteln und räuspern sich und dann heben sie an mit ihren hellen Stimmen zu singen:

„O du fröhliche, o du selige
gnadenbringende
Weihnachtszeit ..."

Das ist mir wie Öl ins Herz gegangen. Aber das Lied wird bald aus sein und danach kommt das Hochamt, und da braucht es Musik – Chormusik um alle Welt!

Da holpert der alte Ruppel die Treppe herauf: „Schulmeister! Wenn schon die Orgel heut schweigen will, so nimm doch deine Geige!"

Ich raune ihm zu: „O Gott, Ruppel, die ist beim Leimen in Holdenschlag!"

Darauf er: „Und kannst auch die Geigen nicht zuwege bringen, so tät ich, meiner Treu, die Kirchenlieder auf der Zither spielen!"

Für diesen Rat habe ich den Alten so

stürmisch umarmt, dass er völlig erschrocken ist. Ich springe auf, hole die Zither, und kurz darauf erklingt beim Hochamt auf dem Chor ein Saitenspiel, wie es in dieser und etwa auch in einer anderen Kirche noch nicht gehört worden ist.

Die Leute horchen auf, der Pfarrer selbst wendet sich und tut einen kurzen Blick zu mir herauf.

Ja, seht ihr, so ist mitten in der langen Winternacht zu Winkelsteg das Christfest gefeiert worden. Leise zittern und wiegen die Saitentöne, sie singen dem neugeborenen Jesuskind das Wiegenlied und den Menschen den Frieden. Und sie schrillen und wecken das schlafende Kind, ehe der falsche Herodes kommt, und sie trillern ein Wanderliedchen für die Flucht nach Ägypten.

Ich, der alte Schulmeister von Winkelsteg, spiele den Messgesang, spiele Lieder, wie sie meine Mutter gesungen und mein Vater, der gute Schuhmacher von einstmals ... Aber letztlich weiß ich selber nicht mehr, was ich kindlicher Mann der Gemeinde und dem heiligen Kind vorgespielt habe in dieser so ungewöhnlichen Christnacht.

Mucksmäuschenstill hatten die Kinder zugehört. Auch als die Großmutter geendet hatte, blieb es noch einen Augenblick still. Endlich sagte Brigitte: „Schön war das. Und trotzdem es sich vor so langer Zeit zugetragen hat mit dem Schulmeister von Winkelsteg, kann man sich das so gut vorstellen – als ob man dabei gewesen wäre!"

Die Großmutter nickte: „Ja, man sieht diesen Schulmeister förmlich vor sich, wie er dasitzt vor seiner Orgel und verzweifelt ist . . ."

„Das mit der Zither war eine gute Idee", fand Friedl, „schließlich hätte er ja nicht trommeln oder Trompete blasen können zur Christmette!"

„Da hast du recht", lachte die Großmutter und stellte eine Schüssel mit Äpfeln und Mandarinen auf den Tisch.

Die Kinder saßen um den Tisch bei der Großmutter und knackten Nüsse. Ein ganzer Berg lag vor ihnen. Aber für Nussplätzchen brauchte man doch eine Menge. Viele Nusskerne verschwanden allerdings in den Mündern, das ging eben nicht anders!

„Wer kann mein Rätsel lösen“, fragte die Großmutter: „Was ist das, das immer mehr wird auf dem Teller, je mehr man davon isst?“

„Nüsse, Nüsse!“ schrien die Kinder.

„O weh, das war zu leicht“, sagte die Großmutter, „aber ich weiß noch ein Rätsel:

Mein Angesicht ist geschmückt mit fremdem Licht.
Schmückt mich nicht das fremde Licht,
siehst du nicht mein Angesicht.

Na, was ist das?“

Die Kinder sahen einander ratlos an. Was konnte das nur sein? Die Groß-

mutter wiederholte den Reim. Wieder nur Stille.

„Das Ganze findet nur in der Nacht statt", versuchte die Großmutter zu helfen. Da lachte Betty und wies aus dem Fenster zum Himmel hinauf. „Das ist doch der Mond! Klar, der Mond bekommt sein Licht von der Sonne, sonst könnten wir ihn gar nicht sehen."

„Richtig! Betty ist ein kluges Mädchen", stellte die Großmutter fest. „Und zur Belohnung gibt es jetzt eine Geschichte von einem Weihnachtskater aus meiner Kinderzeit."

„Was ist denn ein Weihnachtskater?", fragten die Kinder und Betty rief lachend: „Ich kenne zwar einen Osterhasen, einen Pfingstvogel, eine Novemberkrähe, aber von einem Weihnachtskater hab ich noch nichts gehört!"

„Na, dann wird es aber höchste Zeit, dass ihr ihn kennen lernt", schmunzelte die Großmutter und begann zu erzählen.

Der Weihnachtskater

Auf dem Schild der Wohnungstür der alten Marie stand: A. Holub. Das A bedeutete „Antonin" und das war der verstorbene Ehemann der Marie, ein Eisenbahner in Pension. Jetzt lebte die alte Marie, die öfter bei uns im Haushalt aushalf, allein in ihrer kleinen Wohnung in einem Haus der Prager Altstadt. Der Besitzer des Hauses betrieb einen Laden und wohnte im 1. Stock über der alten Marie. Ihm gehörte der sandfarbene Siamkater mit dem schwarzen Gesicht und den hellblauen Augen, der sich stets im Hof und in den Gängen herumtrieb. Dieser Kater war der erklärte Feind der alten Marie. Immer wieder wusste sie von seinen Untaten zu berichten. Dabei gebrauchte sie die wildesten – für unsere Kinderohren anregendsten

Ausdrücke. „Čertový kocour škaredy", was sich mit „scheußlicher Teufelskater" übersetzen ließe, war noch einer der mildesten.

Als ich die alte Marie an einem Dezembernachmittag aufsuchte, um ihr zu bestellen, dass man sie zum Weihnachtsputz als Hilfe brauche – ich war damals acht Jahre alt –, fing sie gleich wieder an, über den Kater loszuziehen. Er pflegte nämlich durch die Oberlichte ihres Küchenfensters einzusteigen, um irgendetwas Fressbares zu stibitzen.

„Gauner, elendiger", schimpfte sie, „hat er halbe Bratwurst aufgefressen, die was ich hab aufgehoben für Abendessen. Und hat dabei Kaffeekanne umgestoßen! Ist Kaffee geflossen auf Wäsche, die was ich hab hingelegt zum Bügeln. Luder mistiges! Hab ich mit nasse Fetzen nach ihm geschlagen, aber ist er davon so schnell wie Furz von Teifel . . ."

Hochrot vor Ärger wies sie auf das

Scheuertuch, das sie noch in der Hand hielt. Es dauerte eine Weile, bis sie sich beruhigt hatte und mir aus einer Dose ihre berühmten Mohnkuchen anbot.

Ich schaute mich neugierig um. Die mit altmodischem Hausrat voll gestopfte Wohnung mit ihren merkwürdigen Düften fand ich besonders interessant.

An der Wand hing eine verblichene Fotografie in einem holzgeschnitzten Rähmchen. Sie zeigte einen Mann mit einem breiten Schnurrbart in Uniform und hoher Kappe. Neben ihm ein vollbusiges Mädchen mit hoch aufgetürmter Frisur.

„Warst du das, Marie?", fragte ich.

Marie nickte: „Ist Hochzeitsfoto unsriges. Siehst, was für ein fescher Kerl er war, mein Tonik?"

Mit liebevoller Gebärde strich sie über das Glas des Bildchens. Dann verdüsterte sich ihr Gesicht und sie jammerte:

„No, such ich schon so lange eine andere Fotografie. Kann und kann ich nicht finden und brauch ich doch für Heilige Abend Christkindel meiniges! Ist einziges Foto, was hab ich von meine süße kleine Slávko ..." Sie fuhr sich mit der Hand über die Augen.

Von ihrem Kind, dem Slávko, hatte sie schon einige Male gesprochen, ich konnte es nur mit dem Christkind nicht in Verbindung bringen und fragte daher:

„Wieso ist der Slávko dein Christkind und warum brauchst du sein Foto gerade am Heiligen Abend?"

„No, ist er doch am 24. Dezember auf die Welt gekommen, geradeso wie Jesuskind. Aber haben s' ihn schon nach ein paar Wochen hinausgeführt auf den Wolschaner Friedhof. Weißt, und so stell ich halt immer Bild seiniges unter Christbaum, damit auch er soll haben vánoce – Weihnachten!"

Die alte Marie schneuzte sich und wischte sich eine Träne aus den Augen. Dann bekam ich noch einen Mohnkuchen und sie fuhr fort:

„Jetzt muss ich suchen Foto von Slávko und kann nicht finden – bin ich so traurig. Hab ich schon heilige Antonius gebeten und ihm versprochen Kerze, aber hilft alles nix . . ."

Ich verstand ihren Kummer. Wenn nicht einmal der heilige Antonius helfen konnte, dann war es wohl aussichtslos. In der voll geräumten Wohnung eine kleine Fotografie zu finden war auch für einen so angesehenen Heiligen ein Problem.

Also verabschiedete ich mich von der alten Marie, ohne ihr einen Trost hinterlassen zu können, und stapfte wieder hinaus in den winterlichen Nachmittag. Aus einer Nische der dämmrigen Hofeinfahrt glänzten plötzlich zwei helle Augen, ein durchtriebenes schwarzes Katergesicht lugte um die Ecke. Das ist Maries „Teufels-

kater", dachte ich und hätte ihn gern gestreichelt, aber er war schon auf und davon.

Kurz vor dem Heiligen Abend – der erste Schnee lag schon in den Prager Gassen – traf ich die alte Marie im Hause des Großvaters wieder. Sie knetete den Striezelteig, ihr bräunliches Faltengesicht strahlte, als sie mir fröhlich zunickte.

„Hast du die Fotografie vom Slávko gefunden?", fragte ich gleich.

„Gefunden?", rief sie. „Ist Foto vom Himmel gefallen, vor meine Füße. Hat aber nicht heilige Antonius gemacht, sondern Katervieh miserabliches ..." Sie unterbrach sich und lachte glücklich. „Will ich ja nicht mehr schimpfen – nein, nie mehr! Kriegt er feines Schnitzel von mir als Dankeschön!"

Natürlich wollte ich wissen, wie sich das Wunder der wieder gefundenen Slávko-Fotografie zugetragen hatte.

Marie erzählte mir alles genau,

während sie den Striezelteig bearbeitete.

Wieder einmal war der geschwänzte Halunke mit dem schwarzen Gesicht in ihre Wohnung eingedrungen. In allen Winkeln hatte er herumgeschnuppert, und diesmal hoffte Marie, die schon mit dem Besen auf ihn lauerte, ihn zu erwischen. Als sie ihm überraschend zu Leibe rückte, sprang der Kater blitzschnell auf den Kleiderschrank und krallte sich dort an einem Schachtelrand fest. Die Schachtel kippte und fiel mitsamt dem Kater zu Boden. Im Nu war der Langgeschwänzte unter dem Bett verschwunden, wo er sich zunächst in Sicherheit wusste. Vor Maries Augen aber lag der Inhalt der Schachtel verstreut und ganz zu oberst lächelte ihr, auf einem Eisbärfell liegend, der kleine Slávko zu.

Mit zitternden Händen griff sie nach der Fotografie, die sie schon verloren geglaubt hatte.

„Slávko, můj andělíček – mein Engelchen ...“, murmelte sie und drückte das Bildchen an ihre Lippen.

Sie war ehrlich genug, sich einzugestehen, dass einzig und allein ihr Feind, der Kater, an ihrem Glück schuld war, denn nie wäre sie auf das Schachtelversteck auf dem Kleiderschrank gekommen. Slávkos Fotografie wäre für immer verschollen geblieben.

Sogleich bewies sie ihre Dankbarkeit durch ein saftiges Stück Suppenfleisch, das sie dem Kater unter dem Bett darbot. Sie versicherte ihm ein über das andere Mal, dass er von nun an nichts mehr von ihr zu befürchten habe.

„No, sag ich dir – soll er kommen, wann immer, werd ich nie mehr schimpfen und sag ich auch nicht mehr Teifelskater zu ihm!“, schloss die alte Marie ihren Bericht.

„Und wie nennst du ihn jetzt?“, wollte ich wissen.

„No jetzt – gebührt ihm der Name vánočný kocour!“ Und beim „Weihnachtskater“ ist es dann geblieben.

Katzenträume

Träumen Katzen von Spatzen,
Mäusen und Ratzen
oder von anderen Dingen?
Möchten sie singen
Arien oder im Chor?
Als Königinnen schreiten
durch unendliche Weiten
zum Tor der Katzenseligkeiten?

Wer weiß, was sie träumen,
wenn sie in unseren Räumen
mit starren Augen am Fenster hocken.
Was kann sie verlocken
in Garten und Haus, unsere Katzen?
Wohl kaum Spatzen,
Mäuse und Ratzen.
Sie nehmen das Leben einfach so:
Von morgens bis abends
miau, mioh!

I. M. G.

Von den Zwillingen Tom und Ricky erschien heute nur Tom bei der Großmutter. „Ricky hat Fieber und Halsweh“, verkündete er, „sie muss im Bett bleiben. Sie hat geweint, als sie nicht mitgehen durfte, weil sie sich so auf Großmutters Geschichte gefreut hat.“

„Arme Ricky!“, bedauerte Annemarie, die Betty mit dem Gipsbein begleitet hatte. Die Großmutter aber meinte:

„Da musst du heute besonders gut aufpassen, Tom, damit du dann Ricky zu Hause meine Geschichte erzählen kannst. Du wirst das bestimmt gut machen und deine Schwester wird sich freuen!“

Tom nickte. Ja, das wollte er tun, das tröstete ihn ein bisschen, denn ohne Ricky kam er sich ganz verlassen vor.

Heute erzählte die Großmutter eine Geschichte, die gut zu dem kalten, stürmischen Tag passte.

Der Winterbaum

Da steht er, der alte Kirschbaum in Lillis Garten. Dunkel, fast schwarz recken sich seine kahlen Äste in den Himmel. Den letzten Schnee, der noch in den Astgabeln lag, hat der Sturm weggeweht. Der alte Baum sieht aus, als wäre kein Leben mehr in ihm. Hatte er wirklich im Sommer grüne Blätter, weiße Blüten und rote Früchte getragen?

Lilli stand am Fenster und betrachtete ihren alten Freund. Der Kirschbaum war ihr Freund – o ja, sie mochte ihn so gerne!

An einem seiner starken Äste hatte der Vater eine Schaukel befestigt, mit der konnte man fast bis in den Himmel fliegen. An heißen Tagen war es gut im Schatten der breiten Krone im Gras zu liegen. Das war wie ein Sommerhaus für Lilli, ihre Freundinnen und Puppen. Auch Bello hatte dort seinen Lieblingsplatz. Aber jetzt schien alles erstorben und tot. Lilli seufzte. Ob der alte Baum im Frühling wieder aufwachen würde – mit Blättern, Blüten und Früchten? Mit neuem Leben?

Und dann erst bemerkte sie es: Es gab doch noch Leben draußen in ihrem Baum. Er beherbergte einige muntere Gäste, er war ihr Rastplatz, ihr Heim, ihr Schutz. Lilli kannte ja den rotbraunen Eichkater, der in einer Baumhöhle wohnte. Er holte sich immer Nüsse von ihrem Fensterbrett. Hansi Federbusch hatte sie ihn genannt – wenn das Wetter nicht gar zu schlecht war, sprang er von Ast zu Ast und schien sehr beschäftigt.

Ein warmes, trockenes Plätzchen im Stamm gab es auch für Familie Siebenschläfer, die sich nur im Sommer sehen und hören ließ. Den langen kalten Winter verschliefen alle in ihrer Baumwohnung. Dann gab es hier noch eine ganze Spatzensippschaft, die sich immer laut und ungeniert benahm, und in den höheren Aststockwerken ließen sich Herr und Frau Ringeltaube – Wittchen und Wettchen nannte sie Lilli – nieder. Die beiden benahmen sich aber gar nicht friedlich, sie stritten oft miteinander. Ganz unten, bei den Wurzeln, hauste Mausimaus, eine Feldmaus, die Lilli schon oft gesehen hatte. Frau Annabella Amsel, die am liebsten auf der höchsten Baumspitze saß und dort ihre Morgen- und Abendlieder sang, ließ sich allerdings jetzt nur selten blicken und zum Singen war ihr gar nicht zumute. Nun immerhin, dachte Lilli, ihr alter Baum war bewohnt und das war ein Trost.

Eines Tages war sie sehr erschrocken, als sie hörte, wie der Großvater zur Mutter sagte: „Der alte Kirschbaum muss gefällt werden, vielleicht sollten wir an seiner Stelle ein Rosenbeet anlegen?"

Lilli hatte nichts gegen Rosenbeete,

Kling Klang Kloria!

aber sie hatte etwas dagegen, dass ihr alter Freund umgeschnitten werden sollte. Das Unheil musste abgewendet werden! Aber wie?

Lange dachte Lilli angestrengt über dieses Problem nach. Am nächsten Tag malte sie mit farbigen Buchstaben ein großes Plakat. Das sah so aus:

> *Bitte um Hilfe!*
> *Wir werden obdachlos, wenn unser Baum gefällt wird!*
>
> *Hansi Federbusch,*
> *Familie Siebenschläfer,*
> *Zwitscherlinge,*
> *Familie Ringeltaube,*
> *Mausimaus u. Kinder,*
> *Annabella Amsel*

Dieses Plakat befestigte sie am Stamm des alten Kirschbaumes, bevor sie in die Schule ging. Ob es etwas helfen würde?

Als sie mittags nach Hause kam, war das Plakat immer noch dort, aber es stand etwas mit Bleistift Geschriebenes darunter:

„Baum bleibt stehen. Kann Verantwortung für so viel Unglück nicht übernehmen!“ Und die Unterschrift des Großvaters.

Lilli war so glücklich, dass sie ins Haus sprang und alle umarmte, besonders den Großvater.

Die Mutter aber wies lächelnd auf ein paar dunkle Zweige, die in einer Vase am Fenster standen.

„Was soll denn das?“, wunderte sich Lilli.

„Das sind Zweige von deinem Kirschbaum, die habe ich heute abgeschnitten. Ungefähr in zwei Wochen, zum Weihnachtsfest, werden sie weiß aufblühen – so wie im Frühling der ganze Baum. Ist das nicht wunderbar?“

Lilli nickte: „Dann weiß ich ja, dass mein Baum nicht tot ist, dass er nur einen Winterschlaf hält wie die Siebenschläfer, nicht wahr?"

„Nur nicht so lange, du wirst sehen, wie er sich mit seinen Blütenknospen im Frühling beeilen wird!", lachte die Mutter.

„Das war eine schöne Geschichte", sagte Tom, „die werde ich mir gut merken, und ich will sie gleich der Ricky erzählen!"

„Und dazu nimmst du ihr etwas Gutes mit!" Die Großmutter wickelte ein paar besonders hübsche Lebkuchensterne in eine Papierserviette und steckte das Päckchen in Toms Manteltasche.

Der heilige Nepomuk und der kleine Mutschek

Auf der Prager Karlsbrücke steht seit eh und je das bronzene Standbild des heiligen Nepomuk auf dem steinernen Sockel. Seiner tragischen Vergangenheit wegen – er wurde in den Fluss gestürzt, weil er ein Beichtgeheimnis nicht preisgeben wollte – scheint er für die Prager und auswärtigen Besucher besondere Anziehungskraft zu besitzen. Mehr als alle Heiligen und Könige, die auf der Brücke versammelt sind.

Für den pensionierten Gerichtsrat Weinmann aber ist der bronzene Nepomuk ein alter Bekannter. Er geht täglich an ihm vorbei, wenn er sein Stammcafé am anderen Moldauufer besucht. Deshalb gehört der Nepomuk zu seinem Leben wie die Božena, die ihm die Wirtschaft führt, oder der Herr

Fiala, aus dessen Trafik er sich die Zeitung und seine Zigarren holt. Oder auch wie die Frau Vyskočil, Hausmeisterin des Hauses am Kleinseitner Ring, in dem er seit 40 Jahren wohnt.

Damit will ich sagen, dass der heilige Nepomuk gleichsam ein Teil des Pensionistenlebens von Gerichtsrat Weinmann ist, ohne in besonderer Weise von ihm beachtet zu werden.

Diese Haltung änderte sich allerdings an einem kalten Dezemberabend in entscheidender Weise. Und das kam so:

Wie gewöhnlich schritt der Gerichtsrat aus dem Café in der Altstadt heimwärts über die Karlsbrücke. Er hatte sich ein wenig verspätet, Božena wartete sicher schon mit dem Abendessen, aber der Nachmittag war beim Schachspiel so erfolgreich verlaufen, dass keiner auf die Zeit geachtet hatte.

Es war schon dunkel und ein elend kalter Wind blies über den Fluss, so dass der Gerichtsrat seine Schritte beschleunigte. Die Brücke war um diese Zeit menschenleer, außer dem Heulen des Windes war nur ein merkwürdiges Winseln zu hören. Es kam aus einer Nische der Brückenmauer, genau dort, wo der heilige Nepomuk seinen Platz hatte.

Noch ein paar Schritte und Herr Weinmann erkannte die Ursache des Winselns.

„Ja, was ist denn das? Wer hat denn da . . .?" Es verschlug ihm die Sprache. Er bückte sich zu einem kleinen wolligen Knäuel hinunter, das die kläglichen Winseltöne ausstieß. Der junge Hund, der hier vor Kälte zitternd saß, war nur noch ein Häufchen Elend. Mit einer Schnur war er an die Füße des Heiligen auf dem Sockel gebunden.

„Empörend so etwas!", schnaufte der Gerichtsrat. „Das Tier kann hier erfrieren! Das ist Tierquälerei!" Ratlos schaute er sich um. Doch da war niemand. Er war allein auf der Brücke mit dem Winselhund. Was blieb ihm da anderes übrig, als die Schnur mit seinem Taschenmesser zu durchschneiden, das jammernde Etwas ungeschickt hochzuheben und nach Hause zu tragen?

Der Gerichtsrat hatte in seinem Berufsleben viel mit Akten und Rechtsfällen zu tun gehabt, aber kaum etwas mit lebenden Tieren und schon gar nicht mit einem jungen Dackelmischling. So erschien ihm als einzig rettender Ausweg aus dieser verflixten Situation das Tierasyl des Tierschutzvereines zu sein. Dort würde man am nächsten Morgen den kleinen Findling abgeben. Božena soll ihn hintragen, dachte er, und bei dem Gedanken wurde ihm etwas leichter ums Herz.

Endlich waren sie zu Hause angelangt.

„Jeschusch, was bringen S' denn da, gnädiger Herr?", schrie die Božena, als der Gerichtsrat mit dem Hund auf der Schwelle stand. Bevor er noch die entsprechende Erklärung abgeben konn-

te, stürzte sich die Gute voll mütterlicher Fürsorge auf den Findling. Sie riss das Hündchen förmlich aus den Armen ihres Herrn, drückte es an ihren Busen und überschüttete es mit Liebkosungen.

Dem Kleinen schienen Wärme und Zärtlichkeit zu gefallen. Er nieste ein paar Mal und schleckte dann dankbar über Boženas raue Hand. Die konnte sich nicht beruhigen.

„Jeschuschmaria, ist das ein liebes Viecherl! Wird vielleicht ein Dackel aus ihm oder so was Ähnliches! So ein Zwutschkerl, ein armes ... wart nur, Hunderl, gleich gibt dir die Božena eine warme Milch und was zum Fressen ..."

Der Gerichtsrat musste noch eine ganze Weile warten, ehe die Božena Zeit fand, für ihn das Abendessen aufzutragen. Die Versorgung des jungen Dackels ging vor. Als der Findling dann endlich satt und zufrieden auf einer Decke schlummerte, erklärte der

Gerichtsrat, dass das Hündchen morgen in das Tierasyl gebracht werden müsse. Da aber fuhr die Božena auf: „No, das werden S' doch nicht übers Herz kriegen, gnädiger Herr! So ein armes Hunderl ins Asyl geben, wo es Flöhe bekommt und weiß Gott was für Krankheiten . . . nein, nein, das dürfen S' nicht machen!"

„Unsinn", brummte Herr Weinmann, „ich kann keinen jungen Hund hier in der Wohnung gebrauchen. Er kommt ins Asyl, basta!"

Da lächelte die Božena weise, schüttelte den Kopf und verschwand mit einem „Gute Nacht, gnä' Herr, und schlafen Sie gut!" in ihrer Stube.

Tatsächlich war am anderen Morgen, als der kleine Findling mit begeistertem Schwanzwedeln und fröhlichem Japsen den Hausherrn begrüßte, nicht mehr die Rede vom Tierasyl. Der Kleine wurde gestreichelt und mit Frühstückshäppchen verwöhnt. Božena strahlte wie der Vollmond.

Auch in den nächsten Tagen danach wurde das Tierasyl nicht mehr erwähnt. Im Gegenteil, es wurde eine Hundeleine mit Halsband angeschafft, und der alte Gerichtsrat fand sogar Gefallen daran, sein vierbeiniges Findelkind auszuführen und ihm die Annehmlichkeiten der öffentlichen Parkanlagen zu zeigen.

„Jetzt müssen S' ihm endlich einen Namen geben, gnädiger Herr", befand die Božena. „Ein Hunderl, und wenn es noch so klein ist, braucht einen Namen, damit man es rufen kann!" Der Gerichtsrat runzelte die Stirn. Božena hatte recht. Ein junger Hund brauchte außer Unterkunft und Futter auch einen Namen. Es genügte nicht, ihn einfach „Kleiner" oder „Hund" zu rufen. Herr Weinmann dachte lange darüber nach. Da fiel ihm der heilige Nepomuk ein, bei dem er das Hündchen gefunden hatte. So sagte er: „Vielleicht sollte ich ihn Nepomuk nennen, was meinen Sie, Božena?"

„Nepomuk? No, ist viel zu langer Name für kleines Hunderl mit kurzen Beinen. Klingt auch zu ernst", widersprach sie. Nach einer Weile aber setzte sie hinzu: „No, dann werd ich ihn Mutschek nennen, das klingt freundlicher!"

Dabei blieb es. Aus Nepomuk wurde Mutschek. Sogar der Gerichtsrat rief nach kurzer Zeit: „Mutschek, hierher! No, sei schön brav und komm, Mutschek!" Überraschend schnell gewöhnte sich der neue Hausgenosse an diesen Namen.

Weihnachten feierten sie zu dritt, der Gerichtsrat, die Božena und Mutschek. Es war für alle drei ein schönes Fest, so fröhlich, wie es der stille Haushalt am Kleinseitner Ring noch nie erlebt hatte.

Bald waren der Gerichtsrat und sein Dackel unzertrennlich. Mutschek begleitete seinen Herrn sogar ins Stammcafé und lag dort kreuzbrav zu seinen Füßen, wenn er Schach spielte.

Jedesmal aber, wenn Herr und Dackel auf der Karlsbrücke an der Statue des heiligen Nepomuks vorübergingen, zog der Gerichtsrat den Hut. Dies war als eine Geste der Dankbarkeit zu verstehen.

Wenn Mutschek, was ab und zu einmal vorkam, gerade an dieser Stelle der Brückeneinfassung das Beinchen heben wollte, zog ihn sein Herr weiter und brummte: „Nicht hier, Mutschek, warte noch ein bisschen!"

Ich könnte mir vorstellen, dass da über das Gesicht des Heiligen auf dem steinernen Sockel ein Lächeln zog . . .

Nach dem Weihnachtsfest fand sich die ganze Runde noch einmal bei der Großmutter ein. Da waren Betty, die jetzt schon den Gips vom Bein hatte, ihre Freundin Annemarie, der unternehmungslustige Pauli mit dem kleinen Hansi, Onkel Georg, die Zwillinge Tom und Ricky, der lange Paul und der stets hungrige Friedl. Auch Brigitte, die schon in die Tanzschule ging, war gekommen. Sie drängten sich alle um den runden Tisch, es war sehr eng, aber lustig. Und Großmutters Apfelstrudel war herrlich. Die Großmutter kam gar nicht nach mit dem Austeilen.

„Schade, dass ich nur zwei Hände habe", lachte sie, „heute könnte ich noch ein paar dazu brauchen!"

„Dafür musst du heute nicht vorlesen, das besorgen wir!", sagte Brigitte. Sie achtete sehr auf ihre Linie und aß, so schwer es ihr auch fiel, nur ein Stück Apfelstrudel.

So schlug sie, während die anderen noch kauten, ein Buch auf und sagte:

„Ich habe ein altes Neujahrslied gefunden. Von wem es stammt, weiß man nicht, es ist so eine Art Volkslied oder besser ein Spruch, den man Persönlichkeiten, die man ehren wollte, zu Neujahr dargebracht hat. Ich stelle mir vor, dass damit junge Leute von Haus zu Haus gezogen sind – so ähnlich wie die Heiligen Drei Könige. Sie haben ihr Sprücherl aufgesagt oder gesungen und haben danach sicher eine Belohnung bekommen. Und diesen Neujahrsspruch will ich jetzt unserer lieben Großmutter widmen, weil sie uns die Adventszeit mit ihren Erzählstunden so schön gemacht hat und – weil sie einen so guten Apfelstrudel gebacken hat!"

Als die Kinder „bravo" klatschten, sagte die Großmutter lachend: „Jetzt seid einmal still, ich will endlich meinen Neujahrsspruch hören. Es kommt ja nicht alle Tage vor, dass man so geehrt wird!"

Also rückte sich Betty zurecht und las mit erhobener Stimme:

Neujahrslied und Wunsch

Das alte Jahr vergangen ist,
das neue Jahr beginnt.
Wir danken Gott zu dieser Zeit,
wohl uns, dass wir noch sind.
Wir schaun aufs alte Jahr zurück
und haben frohen Mut.
Ein neues Jahr, ein neues Glück,
die Zeit ist immer gut!

Sie gibt uns Kraft und frohen Mut
bei jedem neuen Leid.
Und machen wir uns froh und gut,
ist froh und gut die Zeit.
Und wenn einmal die Zeit gebricht,
das nehmen wir schon hin,
drum haben wir bei Tag und Nacht
auch immer frohen Sinn.

So wünschen wir dem Herrn und der
Frau
ein gutes neues Jahr,

und wünschen auch Zufriedenheit
und Segen immerdar.
Mög' Gott sie stets verschonen
vor Gefahr und Traurigkeit
und ihre Müh' belohnen
in alle Ewigkeit!

„Ich bin gerührt", sagte die Großmutter, „es bekommt nicht jeder so einen schönen alten Neujahrsspruch dargeboten. Ich danke dir, Betty, und euch allen. Und ich verspreche euch, ich werde mich bemühen, meinen guten Ruf als Gastgeberin nicht zu verlieren!"

„Sehr gut", sagte Onkel Georg und räusperte sich. „Da kann ich dir ja gleich ein besonderes Rezept für ein Neujahrsgericht überreichen. Wenn möglichst viele Köchinnen oder Köche diese Speise herstellen würden, glaube ich, wäre das für uns alle eine gute Sache. Also hört zu und merkt euch das Rezept so genau wie das Einmaleins!

Neujahrsrezept für ein ganzes Jahr

Man nehme 12 Monate, putze sie sorgfältig sauber von Bitterkeit, Geiz, Pedanterie und Angst und zerlege jeden Monat in 30 oder 31 Teile, so dass der Vorrat genau für ein Jahr reicht.

Jeder Tag wird einzeln angerichtet aus: einem Teil Arbeit und zwei Teilen Frohsinn und Humor. Man füge 3 gehäufte Esslöffel Optimismus bei, 1 Teelöffel Toleranz, ein Körnchen Ironie und eine gute Prise Rücksicht und Takt. Hierauf wird die Masse sehr reichlich mit Liebe gewürzt.

Das fertige Gericht schmücke man mit Sträußchen kleiner Aufmerksamkeiten und serviere es täglich mit Heiterkeit, zusammen mit einer gut dosierten Tasse nicht zu heißen Temperaments.

2. Buch

Großmutters Geschichten zur Weihnachtszeit

Dezemberbeginn

Das Jahr wird alt,
du merkst es sehr,
in Dunkelheit kommt es daher.
Ein grauer Tag, die Nacht so lang,
das duldet keinen Vogelsang.
Das Jahr wird alt.

In all dem Grau
so schau doch, schau!
Ein heller Gast, er kommt gar bald,
ist weiß an Haar, Bart und Gestalt:
Sankt Nikolaus.

Das Jahr wird alt,
geht bald zur Ruh'.
Silvester schließt die Türe zu,
doch Nikolaus, der fromme Mann,
der füllt uns Schuh' und Strümpfe an,
verheißt uns in der grauen Zeit
der Weihnacht Glanz und Seligkeit.

Die Großmutter hatte wieder eingeladen. Ihre jungen Gäste, die Enkelkinder und deren Freunde aus der Umgebung, kamen gern zu ihren „Märchen- und Geschichten-Nachmittagen". Aber nicht nur die Kleinen, wie Felix oder Tom und Ricky, die Zwillinge, oder Marlis, das Nachbarkind, kamen begeistert, auch die große Brigitte, die eine Ausbildung als Krankenschwester

macht, die 14-jährige Betty und ihre Freundin Annemarie und sogar Onkel Georg mit dem Schnurrbart, der ja ein erwachsener Mann war, fanden sich öfters bei der Großmutter ein.

Der lange Paul betonte zwar immer, dass er nur seinen kleinen Bruder Hansi begleitete, aber er saß dann doch einträchtig mit dem dicken Friedel an dem runden Tisch, und beide langten eifrig zu, wenn die Schüssel mit den ersten Lebkuchen und Keksen herumgereicht wurde.

Der dicke Friedel erntete einmal schallendes Gelächter, als er genießerisch verkündete:

„Ich weiß wirklich nicht, worauf ich mich das ganze Jahr mehr freue – auf Großmutters Geschichten oder ihre Lebkuchen. Vor allem die mit Schokolade!"

Noch eine war jedes Mal dabei, wenn sich alle um den Tisch drängten, das war Minka, die Tigerkatze.

Als ganz kleines verhungertes Kätzchen hatte sie die Großmutter gefunden und aufgenommen. Jetzt war sie eine behäbige, wohlgenährte und sehr eigenwillige Katze, ein echtes Familienmitglied. Sie beanspruchte ihren Platz in der Nähe der Großmutter und musste überall dabei sein.

So war es auch heute. Minka hatte bereits den Adventkranz mit den vier roten Kerzen beschnuppert und fand den Geruch der frischen Tannenzweige im Zimmer höchst interessant. Für Lebkuchen hatte sie weniger übrig.

Die Großmutter zündete die erste rote Kerze an und sagte:

„Wisst ihr eigentlich, was diese Kerzen uns sagen wollen?
Die Erste spricht:

‚Kleines Licht in finstrer Nacht,
du Hirt' am Feld, sei auf der Wacht!

Die Zweite:

‚Wie ein frohes Augenpaar
leuchten wir dem späten Jahr!'

Die Dritte:

‚Drei Kerzen geben schon goldenen Schein,
wie hell wird es dann in der Christnacht sein!

Und die Vierte:

‚Wir strahlen zu viert an dem grünen Kranz,
die Welt ist jetzt voll frohem Glanz!'"

Onkel Georg mit dem Schnurrbart nickte lächelnd: „Schau, schau, ich habe gar nicht gewusst, dass unsere Großmutter auch die Sprache der Kerzen versteht! Mir hat schon imponiert, dass sie Minka versteht und mit ihr reden kann!"

„Die Großmutter kann eben alles", erklärte der kleine Hansi, und alle stimmten ihm zu.

„Genug der Lobreden", lachte die Großmutter, „ich fange lieber gleich mit einer Geschichte aus meiner Kinderzeit an."

Die Krampusäpfel

Krampusäpfel nannten wir die kleinen, rotglänzenden Äpfel, die stets zu Dezemberbeginn angeboten wurden. Um diese Zeit legten die von uns Prager Kindern freudig erwarteten Apfelkähne am Moldauufer an, um die böhmische Obsternte anzubringen.

Für uns waren es Vorboten adventlicher Freuden und wohl auch schon eine weihnachtliche Verheißung. Wie es auf diesen Apfelkähnen duftete! Wenn ich über den schwankenden Laufsteg in das überdeckte Innere des großen Kahnes kam, wo die Petroleumlampe ihren Schein über Berge von roten, grünen und bräunlichen Äpfel warf, dann empfing mich ein einzigartiger, unglaublicher Duft.

Ich schnupperte wie ein junger Hund im Metzgerladen und wäre am liebsten nicht mehr nach Hause gegangen.

Als ich nun wieder einmal – ich war ein 8-jähriges Schulmädchen – zu den Apfelkähnen an der Moldau wanderte, hatte ich einen Auftrag der Mutter zu erfüllen. In meinem Kinderrucksack sollte ich zwei Kilo Krampusäpfel holen.

Da die Apfelkahn-Frau gerade eine Kundin bediente, rief sie ihre Tochter Lenka herbei.

Lenka war ein schmächtiges Ding, ein wenig älter als ich, aber man sah ihr an, dass sie gewohnt war, tüchtig zuzupacken. Ihr Gesicht war rot vom scharfen Wind, die Hände rau und rissig. Sie trug eine viel zu große Wolljacke, derbe Schuhe und ein geblümtes Kopftuch, unter dem die blonden Zöpfe hervorschauten.

Lenka fragte mich in ihrem ländlichen Dialekt nach meinen Wünschen. Ich hielt ihr den Rucksack hin. Ihr Blick wanderte bewundernd zu meiner Pelzkappe, die ihr besonders zu gefallen schien.

„Komm mit mir in den Laderaum, dort suchen wir die schönsten Äpfel aus", sagte sie.

Im Laderaum war der Duft so stark, dass es mich wie ein Rausch überkam. „Hier riecht es wunderbar!“, sagte ich. „Das bemerke ich gar nicht mehr, ich bin's gewöhnt“, erwiderte Lenka und schaufelte Äpfel in meinen Rucksack. Sie meinte es gut mit mir, so schwer hatte ich noch niemals zu tragen gehabt!

„Brauch ich nicht abwiegen, du zahlst für zwei Kilo, und fertig!“, sagte Lenka. Ihre Blicke konnten sich von meiner Pelzmütze nicht losreißen.

Behutsam strich sie mit zwei Fingern über den Pelzstreifen und flüsterte: „Ist die schön!“

Ehrlich gesagt, ich liebte diese Kappe gar nicht, ich hätte viel lieber eine Strickmütze aufgesetzt wie die anderen Kinder, aber es war eben das fatale Geschenk einer Patentante, und deshalb musste ich sie tragen. Als ich nun den sehnsüchtigen Glanz in den Augen des Mädchens sah, blitzte ein Gedanke in meinem Kopf auf. „Magst du die Pelzkappe haben?“, fragte ich. „Tauschen wir?“

„Was, die Pelzkappe gegen mein Kopftuch?" Lenkas Augen wurden kugelrund.

„Warum denn nicht? Komm, nimm doch!" Ich hielt ihr die Pelzmütze hin. Ich glaube, ich wäre mit einem Scheuerlappen zufrieden gewesen, nur um die verhasste Mütze loszuwerden.

So band ich mir das geblümte Kopftuch um und keuchte mit dem schweren Rucksack davon. Lenka winkte mir von der Brücke des Kahnes lange nach. Die Pelzmütze thronte wie eine große Katze auf ihrem Kopf.

Zu Hause gab es einige Aufregung. Aber ich stand alles durch, und als sich der Vater, dem die Sache vorgetragen wurde, auf meine Seite schlug und das Machtwort sprach: „Getauscht ist getauscht, daran gibt es nichts zu rütteln!" – da war der Fall erledigt.

Am nächsten Tag wanderte die Mutter mit mir noch einmal zum Apfelkahn. Ich durfte Lenka eine meiner Puppen bringen. Als wir den Steg betraten, eilte uns Lenkas

Mutter schon mit der Pelzmütze in der Hand entgegen. Meine Mutter sagte rasch: „Es ist alles in Ordnung, die Mütze gehört Lenka. Sie wird sie auf dem Wasser ja gut brauchen können!"

Über Lenkas verschrecktes Gesicht zog ein glückliches Lächeln. Und dann legte ich ihr mein Puppenkind in den Arm. „Da, das ist für dich. Es ist ein Junge, und er heißt Janosch", sagte ich.

Lenka war so hingerissen von meinem Janosch mit der langen Stoffhose, dass sie zunächst kein Wort hervorbrachte. Erst als ihre Mutter sie anstieß und ihr etwas zuflüsterte, rannte sie davon. Bald darauf war sie wieder da und hielt mir einen Zwetschenkrampus entgegen. Den drückte sie mir in die Hand und rief: „Ist auch ein Junge, ein schwarzer Junge mit roter Zunge! Er heißt Čertik, und du kannst ihn aufessen!"

Lenkas Čertik wurde nicht aufgegessen. Er stand auf meinem Bücherbord, ließ die lange, rote Zunge heraushängen und verstaubte im Laufe der Jahre.

Für mich aber bewahrte er die Erinnerung an die Zeit der Krampusäpfel auf dem Apfelkahn.

„Habt ihr schon einmal Geschichten von Berggeistern gehört?" Die Großmutter blickte in die gespannten Gesichter ihrer jungen Zuhörer.

„Berggeister?" Die Zwillinge Tom und Ricky machten große Augen. Das war bestimmt etwas, das sie sehr interessierte.

„Meinst du den Rübezahl? Der ist doch ein Berggeist", sagte Felix, der viel und gerne las. „Den Rübezahl soll es im Riesengebirge geben. Davon habe ich ein ganzes Buch voll Sagen."

„Natürlich ist der Rübezahl auch ein Berggeist", nickte die Großmutter, „aber ich habe jetzt eigentlich vor allem an die kleinen Berggeister gedacht, an die Bergmännlein, oder Nörglein. Bei uns im Österreichischen nennt man sie ‚Bergmandeln'. Von denen gibt es viele Geschichten und Sagen. Sie haben auch so seltsame Namen wie ‚Zeiselmeisel', ‚Purzinigele' oder ‚Kleiner Putz'."

Das fanden alle in der Runde lustig. Kein Wunder, dass man da neugierig wird! Sogar die große Betty drängt:

„So fang doch gleich an mit der Geschichte vom Zeiselmeisel, bitte, Großmutter!"

„Aber vom Purzinigele oder vom Kleinen Putz wollen wir auch etwas hören", schreit Felix aufgeregt. Er ist der Jüngste in der Runde und der Eifrigste.

„Schon gut, es geht ja gleich los." Die Großmutter freut sich, dass ihr Vorschlag so viel Zustimmung gefunden hat. Und dann beginnt sie:

Die Geschichte vom Zeiselmeisel

Der Zeiselmeisel, so erzählt man sich auf den Almen, in den Sennhütten, soll ein uraltes, verhutzeltes Bergmännlein sein, mit derben Schuhen an den kleinen Füßen, einer grauen Lodenjoppe und einem Bergstock. Der ist freilich nicht größer als etwa ein Kochlöffel, aber es ist doch ein richtiger Bergstock mit einer metallenen Spitze.

Einmal, am frühen Morgen, ist eine junge Sennerin, eine Magd, von der Alm hinunter ins Tal gestiegen. Der große Korb, den sie auf dem Rücken getragen hat, war schwer, denn sie musste ja Butter und Käse in den Ort bringen.

Im Bergwald war es kühl und ruhig. Wanderer waren um diese Stunde noch nicht unterwegs. An einer Wegbiegung aber trifft die Sennerin doch jemanden. Ein kleines, uraltes Männchen war es, mit einem grauen Bart im Gesicht und einem Filzhut auf dem Kopf. Mit schwacher Stimme hat das Männchen gesagt:

„Erbarm dich, Dirn', und schenk mir etwas zu essen! Ich kann nicht mehr weiter vor Hunger!"

Weil ihr der Kleine Leid getan hat, stellt die Magd ihren Korb ab, nimmt das Brot heraus, das sie sich als Wegzehrung vorgerichtet hat, und reicht es dem Männlein.

„Nimm nur und stärke dich, ich lass dich schon nicht verhungern!"

„Vergelt's Gott, vergelt's Gott tausendmal", bedankt sich der Kleine und lässt sich das Brot gut schmecken.

Als er mit der Mahlzeit fertig ist, nickt er der Sennerin zu. Umständlich kramt er in seinen Taschen und zieht schließlich eine kleine Kupfermünze heraus. Die streckt er dem Mädchen hin, das sich schon zum Weitergehen rüstet. So ein Geldstück war nicht viel wert, aber das Männchen hat ganz ernsthaft gesagt: „Das sollst du zum Dank haben. Es ist mein Ein und Alles, mehr habe ich nicht."

„Aber ja, Kleiner, bist mir ja nichts schuldig. Hab dir gern geholfen. Ich möchte nur eins wissen – wer du bist und wie du heißt. Kannst du mir das verraten?"

Da hat der Kleine geschmunzelt, hat sich sein Hütchen zurecht gerückt und hat mit seiner hohen Stimme gesagt:

„Zeiselmeisel werd ich genannt
auf und ab im ganzen Land."

Und damit war er plötzlich verschwunden.

Die junge Sennerin hat den Kopf geschüttelt, so verwunderlich ist ihr die Sache vorgekommen. Vom Zeiselmeisel, dem kleinen Berggeist, hat sie schon gehört, aber dass sie ihm jetzt leibhaftig begegnet sein soll, kann sie fast nicht glauben!

Das Mädchen geht weiter. Wie es endlich unten im Dorf angekommen ist, spürt es in seiner Schürzentasche etwas Hartes, Schweres. Sie greift hinein und zieht ein großes, dickes Goldstück heraus. Wie ist das nur in ihre Tasche gekommen? Da hat sie ja nur die schäbige Kupfermünze hi-

neingesteckt? Aber so war das: Die Münze des Zeiselmeisel hat sich in ein Goldstück verwandelt.

In der Stadt zahlte ihr der Goldschmied dafür 25 blanke Gulden. Das war viel, viel Geld. Sie konnte ihr Glück kaum fassen.

„Wenn ich nur dem guten Zeiselmeisel dafür danken könnte", denkt sie, und dann gelobt sie sich, auch weiterhin jedem Armen, der sie um eine Gabe bittet, zu helfen.

„Das will ich tun, denn das bin ich dem kleinen Berggeist schuldig!", murmelt die Sennerin. Sie hat diesen Vorsatz auch Zeit ihres Lebens gehalten.

Ein anderer Berggeist, der „Kleine Putz" wieder, ist in den Rauriser Bergen zu Hause. Das soll aber ein recht boshafter Wicht gewesen sein. Man erzählt sich, dass er den Menschen, die ihm begegneten, nur Ärger und Unheil bereitete.

Da ist einmal ein junger Bergmann hinauf zu einem Stollen auf dem Berg gestiegen. Einen großen Laib Brot hat er mit sich getragen, denn die Arbeit im Gestein macht hungrig. Diesen runden, schweren

Laib hat er mit einem Riemen fest geschnallt und einfach über die Schulter gehängt. Das war wohl ein bisschen leichtsinnig, denn der Kleine Putz, das Bergmännlein, hat es beobachtet und wollte ihm einen Streich spielen.

Er kicherte boshaft und ließ einen plötzlichen Windstoß daherfahren, der dem Mann das Brot mitsamt dem Riemen von der Schulter riss.

„Halt! Mein Brot, mein Brot!", schrie der. Doch da kollerte der runde Laib schon über Stock und Stein bergab. Schadenfroh beobachtete es der Kleine Putz.

Zwei Wochen vergingen. Da kam der Bergmann wieder an dieser Stelle vorbei. Diesmal hatte er zur Vorsorge zwei Brotlaibe umgehängt. Trotzdem passierte wieder das gleiche Missgeschick. Daran war natürlich der Kleine Putz schuld, denn der lauerte schon auf so eine Gelegenheit.

Holterdiepolter kollerte einer der Brotlaibe den Abhang hinunter.

„Nein! Das darf nicht wahr sein!", schrie der Bergmann und wurde ganz blass vor

Zorn. Da hatte ihn doch tatsächlich der kleine boshafte Berggeist überlistet! Wütend packte er den zweiten Laib und warf ihn mit Schwung in die Tiefe. Dazu schrie er:

„Du kleiner Bösewicht! Hoffentlich schlägt dir der zweite Laib eine tüchtige Beule!"

Aber nur lautes Gelächter, das die Bergwände zurückwarfen, antwortete ihm. Seit dieser Begebenheit, die rasch im Ort bekannt wurde, haben die Leute jenen Berghang den „Brotschnaggel" genannt.

Der junge Bergmann aber hat dann später doch Glück bei der Arbeit gehabt und ist mit der Zeit ein wohlhabender Mann geworden. Vielleicht war dabei auch der „Kleine Putz" beteiligt, weil er ihn für die verlorenen Brotlaibe entschädigen wollte. Wer weiß?

Aus der Teekanne duftete der „Kinderpunsch" mit Zitrone, Orange und Kandiszucker. Auf einer Schüssel war frisches Gebäck aufgehäuft, alles war bereit für Großmutters junge Gäste. Da kamen sie auch schon in das Zimmer gepoltert und brachten einen Hauch Schneeluft und Winterkälte mit sich.

„Großmutter, hast du heute wieder eine schöne Geschichte für uns?", rief der lange Paul.

„Eine interessante Geschichte und etwas Gutes zu essen?", ergänzte der dicke Friedel und schielte auf die Schüssel mit den Krapfen.

„Beides, beides", lachte die Großmutter. Sie freute sich ja immer auf ihre jungen Besucher und bereitete alles sorgfältig vor.

Heute war auch ihr Neffe Georg gekommen, den die Kinder „Onkel Georg mit dem Schnurrbart" nannten. Er verstand sich gut mit ihnen und war immer für einen Spaß zu haben. Onkel Georg war sehr belesen, man konnte ihn alles fragen, und Märchen mochte er besonders gern. Er kannte sich aber auch mit alten Bräuchen aus, und deshalb hatte ihn die Großmutter heute gebeten, davon zu erzählen.

„Also, meine Lieben, heute ist Onkel Georg an der Reihe. Ich möchte auch einmal zuhören", erklärte sie.

„Und was erzählst du uns, Onkel Georg?" Betty, die den „Punsch" einschenkte, sah ihn fragend an.

„Etwas, das mit alten Bräuchen zu tun hat", sagte Onkel Georg.

„Ach, ich hätte lieber eine Gruselgeschichte ...", rief Peter. „Auch das kannst du haben, warte nur" ... zwinkerte ihm der schnurrbärtige Onkel zu.

Und dann erzählte er über Bräuche in der Weihnachtszeit, die sich in der Stadt und noch mehr auf dem Land erhalten hatten. Da gab es doch noch etliche, wie der Nikolaus, der die Kinder am 6. Dezember beschenkte, die Barbara-Zweige, die man am Barbara-Tag ins Wasser stellte, damit sie zu Weihnachten blühen sollten, die vier Kerzen am Adventkranz, die den vier Sonntagen entsprachen, das Advent-

blasen vor den Kirchen oder von den Türmen.

Ganz wichtig auch: Die Sternsinger, die von Haus zu Haus zogen und um eine Gabe baten, das Aufstellen der Krippe und vieles andere mehr.

„In manchen Gegenden auf dem Land werden die ‚Raunächte', das sind die dunkelsten Nächte des Jahres zwischen Christnacht und dem Dreikönigstag, noch sehr bewusst gestaltet. Da ziehen vermummte Gestalten durchs Dorf, Teufel, Hexen, die einen höllischen Lärm veranstalten. Diese ‚rauen Gesellen' klopfen an die Fenster und Türen und fordern eine Gabe." Onkel Georg zog ein Buch aus seiner Tasche, zwinkerte dem Peter zu und lachte:

„So, und jetzt kommt deine gewünschte Gruselgeschichte, die in so einer Raunacht spielt. Allerdings ist das schon sehr lange her und gehört in das Reich der Volkssagen. Ihr braucht euch also nicht zu fürchten."

Und dann las er ...

Die Ohrfeige der Frau Percht

Als wichtigste Raunacht, in der die Frau Percht umgehen soll, gilt die Nacht vor dem Dreikönigstag. Die Frau Percht oder, wie man sie sonst noch nennt, die „Perchtlmutter" stellt man sich als große, alte Frau vor, mit einer langen, spitzen Nase und einer weißen Haube auf dem Kopf. Um Mitternacht kehrt sie in die Häuser ein, schaut nach dem Rechten und freut sich, wenn alles ordentlich und sauber ist.

Die Perchtlmutter führt meist viele kleine Kinder mit sich. Sie haben keine Namen, weil sie noch nicht getauft sind, und so nennt man sie nur „die Zoderwaschelen".

Davon hatte ein junger Knecht in einem abgelegenen Bergtal gehört, und weil er sehr neugierig war, legte er sich auf die Lauer, um die Frau Percht mit eigenen Augen zu sehen. Wie er nun gerade über eine Brücke geht und der eisige Wind ihm um die Ohren pfeift, hört er vor sich ein seltsames Raunen und Wispern. Viele Stimmen sind es. Rasch verbirgt er sich hinter dem Gebüsch. Jetzt kann er beobachten, wie die Frau Percht mit der großen Haube und der langen Nase daherkommt. Hinter ihr trippeln die kleinen Kinder. Sie sind nur mit einem Hemdchen bekleidet und zittern in der Kälte. Eines kann mit der Schar nicht Schritt halten und bleibt zurück. Das tut dem Jungen Leid, er flüstert dem Kindchen zu: „Armes, kleines Zoderwaschele, bist wohl müd' und kannst nimmer mit?"

Da lächelte das kleine Wesen ganz glücklich und ruft:

„Dank dir, dass du mich beim Namen genannt hast! Jetzt bin ich erlöst und brauche nicht mehr mit!" Schon ist es im Dunkel der Nacht verschwunden.

Die Frau Percht aber dreht sich um und klatscht dem Burschen eine Ohrfeige ins Gesicht, dass dem Hören und Sehen vergeht. Sie jat ja überirdische Kräfte!

Trotzdem lässt sich der neugierige

Knecht nicht abschrecken. Er versteckt sich in dem großen Kachelofen in der Stube des Bauernhauses und wartet nochmals auf das Erscheinen der Frau Percht. Durch das Ofenloch kann er hinausspähen bis zur Tür. Die öffnet sich pünktlich um Mitternacht, die Frau Percht tritt ein und hinter ihr der Zug der kleinen Kinder. Als das Letzte über die Schwelle getrippelt ist, schließt die Perchtlmutter die Tür, geht zum Tisch, setzt sich dort nieder und kostet von dem süßen Brei in der Schüssel, den die Hausleute für sie vorbereitet haben. Sie nickt zufrieden, alles ist in Ordnung. Oder doch etwa nicht? Denn eines der Kleinen zupft sie am Rock und ruft:

„Mutter, dort aus dem Ofen blitzen zwei Lichtlein heraus!"

„Dann lauf hin und blas sie aus!", sagt die Percht. Da trippelt das Kleine zum Kachelofen und bläst ins Ofenloch. Ein jäher Schmerz druchzuckt den neugierigen Knecht, der darin kauert. Er kann nichts mehr sehen, die Frau Percht hat ihm zur Strafe das Augenlicht genommen.

Der Unglückliche berichtet das am nächsten Morgen seinem Bauern, und der schickt ihn zu einem alten, weisen Mann. Den soll er um Hilfe bitten. Doch der schüttelt den Kopf: „Wenn es sich so zugetragen hat, wie du erzählst, kann ich dir nur einen Rat geben: Nur die Frau Percht selber kann dich wieder heilen, niemand anderer. Du wirst wohl warten müssen, bis sie in der nächsten Dreikönigsnacht bei euch einkehrt!"

Ein Jahr lang warten? Das war freilich eine harte Strafe für den armen Burschen. Doch endlich ging auch dieses Jahr zu Ende, und er hoffte auf seine Erlösung aus der Blindheit. Weil der alte Mann ihm geraten hatte, in der letzten Raunacht wieder in den Ofen zu kriechen, tat er es auch. Fieberhaft wartete er, was nun geschehen würde.

Er hörte, wie sich die Tür öffnete, hörte die Frau Percht eintreten, hinter ihr das Getrippel der Kinderfüße. Der Stuhl wurde gerückt, der Löffel klirrte an der Schüssel, alles war wie vor einem Jahr.

Dann sagte dieselbe Kinderstimme: „Mutter, heut brennen keine Lichtlein im Ofen!"

„So lauf und zünd sie halt wieder an", sagte die Perchtlmutter. Das Kindlein trippelte zum Ofen und hielt eine Kerze zum Ofenloch. In dem Augenblick konnte der Bursche wieder sehen. Die Blindheit war von ihm genommen. Vor Freude schrie er laut auf. Da erschraken die Zoderwaschelen und trippelten aus der Stube. Auch die Frau Percht war verschwunden.

Der Überglückliche, der jetzt wieder sehen konnte, kroch aus dem Ofen und weckte die Schläfer im ganzen Haus. Er konnte die Freude nicht für sich allein behalten.

Die Kerze aber, mit der das Kindchen in das Ofenloch hineingeleuchtet hatte, stand auf dem Tisch neben der Schüssel mit dem Brei und brannte.

„Ist das nicht ein verhextes Wetter heute? Da scheint die Sonne und gleich darauf gibt es einen Schneesturm“, schimpfte Onkel Georg, als er seinen nassen Mantel auszog. Die Großmutter hängte ihn zum Trocknen über einen Bügel und nickte:

„So ein Gemisch aus Schnee, Regen und Sonnenschein gibt es eben auch im Dezember, nicht nur im April!“

„Eben verhext?“, lachte Betty, die noch trocken davon gekommen war. Sie war schon früher gekommen, um der Großmutter zu helfen, den Tisch für Tee und Krapfen zu decken. Sie wandte sich an die Zwillinge Tom und Ricky, die auch gerade gekommen waren.

„Vielleicht wäre heute eine ganz schauerliche Hexen-Geschichte fällig, was meint ihr?“

„Ja, fein, Hexengeschichten kann ich nicht genug hören!“, rief Tom.

„Na gut“, nickte die Großmutter, „dann gibt es heute eine Hexengeschichte, aber sie ist nicht schauerlich, sondern lustig.“

„Macht nichts.“ Die Zwillinge und auch

Felix hatten nichts dagegen. Hauptsache es kam eine Hexe vor.

Als alle einen Platz gefunden hatten, auch die Katze Minka, die ja immer dabei sein musste, schlug die Großmutter ihr Buch auf und begann zu lesen.

Die Hexe Ruckzuck am Weihnachtsmarkt

Die Hexe Ruckzuck sah gar nicht so aus, wie man sich eine Hexe vorstellt. Sie war sehr jung und trug am liebsten Stiefel, einen Ledermantel und ein buntes Kopftuch. Da sie aber die Urenkelin der alten Knusperhexe war, konnte sie natürlich auch hexen. Dabei war sie durchaus nicht so böse wie die Ururgroßmama, ihr machte das Hexen einfach Spaß.

Die Hexe Ruckzuck besuchte also den Weihnachtsmarkt, der jedes Jahr vor dem Rathaus abgehalten wurde. Sie schlenderte zwischen den bunten Buden umher und betrachtete all die glitzernden Dinge und vor allem die Kinder, die sich davor drängten.

Aber noch jemand sah sich die Besucher des Weihnachtsmarktes ganz genau an. Das war der Gripsch-grapsch-Toni. Der trieb sich stets dort herum, wo es Gedränge gab und Geldbörsen, die lose in die Taschen gesteckt waren.

Die Zwillinge Moni und Tommy trugen ihr erspartes Taschengeld für die Weihnachtseinkäufe in einer kleinen Lederbörse bei sich. Die Börse steckte in Monis rechter Manteltasche. Das hatte der Gripschgrapsch-Toni schon bemerkt, und er schlenderte, gar nicht zufällig, hinter den Zwillingen her.

Die Hexe Ruckzuck aber blieb dem Burschen auf den Fersen, denn sie konnte sich schon denken, was er vorhatte.

Nachdem der Gripsch-grapsch-Toni mit einem geschickten Griff die Geldbörse aus Monis Manteltasche in die seine gebracht hatte, war es soweit.

„Na warte nur, dir will ich's schon zeigen", dachte die Hexe Ruckzuck und schnippte dreimal mit den Fingern. „Ruck – zuck!", flüsterte sie dazu.

Holla, da fing es ganz laut und deutlich in der Tasche des Diebes zu quaken an. Die Leute drehten sich um, schauten ihn verwundert an. „Was quakt denn da?"

Auch der Gripsch-grapsch-Toni erschrak. Er fasste mit der Hand in seine Manteltasche. Da war etwas Nasses, Zappelndes – ein Frosch! Entsetzt schleuderte er ihn von sich. Das Ding fiel den Zwillingen genau vor die Füße.

„Schau, das ist doch meine Geldbörse!“, rief Moni und hob sie auf. Der Gripsch-grapsch-Toni aber machte sich rasch aus dem Staub.

Zufrieden spazierte die Hexe Ruckzuck weiter. Da lief ihr ein kleiner, heulender Junge über den Weg.

„Was ist denn mit dir los?“, fragte sie.

„Hab' meine Oma verloren“, schluchzte der Knirps.

„Wie sieht sie denn aus, und was hat sie an?“

Der Kleine dachte angestrengt nach, dann sagte er: „Sie hat ein rundes Gesicht, graue Haare und eine Pelzmütze auf. Einen Lodenmantel hat sie auch und eine Tasche und einen Schirm.“

Da nickte die Hexe Ruckzuck, schnippte dreimal mit den Fingern und wünschte so-

gleich alle Omas mit Lodenmänteln und Pelzmützen herbei. Hui, war das ein Spaß! Wie große Tauben flatterten jetzt ein halbes Dutzend Omas heran, die ähnlich angezogen waren.

Der kleine Karli stürzte mit einem Aufschrei in die Arme einer dieser Omas und war überglücklich.

Zu den anderen Omas aber sagte die Hexe Ruckzuck: „Entschuldigen Sie, meine Damen! Eigentlich wollte ich ja nur Karlis Oma einfliegen lassen, ich wusste nicht, dass es so viele hier gibt!" Die Omas lachten und meinten, es wäre ein fabelhafter Spaß gewesen, so durch die Luft zu segeln, und sie hätten das noch nie auf dem Weihnachtsmarkt erlebt.

Und jetzt will ich noch einen Spaß für alle Kinder zaubern, dachte unsere Hexe Ruckzuck. Ihr Blick fiel auf eine rosa Abendwolke. Sie schnippte mit den Fingern und flüsterte: „Komm herunter, rosa Wolke!"

Da senkte sich die rosa Wolke genau auf den Weihnachtsmarkt herab. Sie roch nach frischen Himbeeren und Vanillezucker, und sie schmeckte auch so. Himmlisch!

Alle naschten von der Wolken-Zuckerwatte: die Kinder, die Omas, der Würstelmann, die Frau mit den Luftballons – es reichte für alle.

Die Hexe Ruckzuck aber ging zufrieden nach Hause.

„War das ein Spaß“, kicherte sie. „Ui, wenn das meine Ururgroßmama wüsste …“

„Habt ihr euch nicht schon einmal gefragt, wie die Märchen – ich meine die alten Volksmärchen – in die Märchenbücher gekommen sind?“, fragte die Großmutter und schaute in die erstaunten Gesichter ihrer jungen Freunde.

„Wieso? Wie meinst du das?“, kam die Gegenfrage von Marlis, die gerade einen Lebkuchen in der Hand hielt. Vor Verwunderung vergaß sie, ihn in den Mund zu stecken. „Ich weiß schon, was die Großmutter meint“, meldete sich der dicke Friedel. „Diese alten Märchen hat man sich früher ja nur erzählt. Sie wurden nur mündlich weitergegeben, denn damals konnten die Leute nicht lesen und schreiben. Es waren ganz wenige, die das konnten. Bücher waren nur für die ‚Gelehrten‘ da.“

Die Großmutter nickte. „So war es, und deshalb meine Frage. Sie könnte auch lauten: Wer war es, der auf die Idee kam, die Märchen zu sammeln und aufzuschreiben?“

Brigitte, die Älteste, lächelte.

„Du meinst doch bestimmt die Brüder Grimm? Jakob und Wilhelm Grimm, nicht wahr?"

„Das ist klar. Grimms Märchen – kennen wir alle! Aber wie sind sie daraufgekommen, die Märchen zu sammeln?"

Der lange Paul war mit seinen 12 Jahren ein vernünftiger Junge. Er ging den Sachen gern auf den Grund.

Heute gehörte auch Onkel Georg mit dem Schnurrbart zur Nachmittagsrunde, der wusste natürlich Bescheid.

„So etwas muss einem eben einfallen. Gute Ideen sind immer gefragt! Wenn ich nicht irre, ist das erste Buch der Brüder Grimm 1812 herausgekommen. Vor 188 Jahren also."

„So lange ist das schon her?", wunderte sich der kleine Hansi. Für ihn schien das eine Ewigkeit.

Die Großmutter aber hatte ein Buch zur Hand genommen und sagte:

„So, und jetzt versetzen wir uns einmal in diese Zeit, und ich lese euch vor, wie es mit dem Märchensammeln der Brüder Grimm

angefangen hat. Und danach wollen wir so ein altes Märchen hören."

Es wurde still in der Runde, und die Großmutter begann zu lesen.

In der Märchenapotheke

Beliebter Treffpunkt für das junge Volk in Kassel war die Apotheke der Familie Wild mit dem runden Sonnenzeichen über der Haustür. Hier sorgten drei hübsche, muntere Töchter für Fröhlichkeit und Leben. Freundinnen und Freunde gingen in dem gastlichen Hause aus und ein. „Eigentlich müsste eure Apotheke nicht Sonnen-, sondern *Märchen*apotheke heißen", scherzte einmal Jakob, als sie eines Abends alle um den runden Tisch im Wohnzimmer saßen.

Gretchen, die älteste Wildtochter, hatte gerade ein Märchen erzählt, und die Freunde hatten gebannt zugehört. Märchenerzählen war damals bei Alt und Jung eine beliebte Freizeitbeschäftigung. Gretchen war ein besonderes Erzähltalent. Sie erzählte so eindringlich und lebendig, dass man die Figuren förmlich vor sich sah und auf alles andere vergaß. Nie war es so still im großen Wohnzimmer der Wilds, als wenn Geschichten erzählt wurden. Das tat man hier oft und gern. Nicht nur Gretchen, sondern auch Mutter Wild war eine gute Erzählerin. Und dann gab es noch jemanden, dessen Märchenvorrat schier unerschöpflich schien. Das war die alte Marie. Sie war als Kinderfrau ins Haus gekommen und lebte auch jetzt noch hier, trotzdem ihre Dienste nicht mehr in Anspruch genommen wurden. Die „alte Marie" gehörte nun einmal dazu, wie das Sonnenzeichen zur Apotheke.

Auch heute Abend hieß es wieder: „Komm, Marie, setz dich zu uns und erzähle uns ein Märchen, das wir noch nicht kennen!" Da strahlten die Äuglein der Alten aus dem freundlichen Faltengesicht. Die schon etwas zittrigen Hände strichen die Schürze glatt, nahmen den Strickstrumpf auf – ohne Arbeit konnte die „alte Marie" einfach nicht sein –, und so fing sie dann an zu erzählen. Vom „Rapunzel" und von „der weißen Taube", von „Strohhalm, Kohle und Bohne" und andere vergnügliche Geschichten.

Jakob und Wilhelm, die zwischen den Wild-Töchtern Gretchen und Dortchen saßen, hörten wie verzaubert zu. Als die alte Marie eine Pause machte, weil etwas mit dem Strickstrumpf nicht in Ordnung war, stieß Jakob den Bruder an und meinte: „Wäre es nicht ewig schade, wenn diese Märchen verloren gingen, weil sie niemand mehr erzählen kann? Man sollte sie wirklich aufschreiben und sammeln!" – „Daran denke ich immer wieder", stimmte ihm Wilhelm zu und sagte leise: „Hier, bei der alten Marie wären wir ja an der richtigen Quelle."

„Was gibt es denn da zu flüstern, he?", lachte Dortchen, „habt ihr Geheimnisse, ihr beiden?"

Die Brüder lachten und Jakob sagte: „Wir sind angesteckt von eurer Märchenleidenschaft, und deshalb planen wir, die Märchen aufzuschreiben und zu sammeln."

„Die alten Volksmärchen sammeln?" Der

Apotheker, der bisher still mit seiner langen Pfeife im Lehnstuhl gesessen war, nickte beifällig. „Eine ausgezeichnete Idee, das sollten die jungen Herrn wirklich tun." Auch Mutter Wild und ihre Töchter äußerten sich begeistert. So entwickelte sich bald ein lebhaftes Gespräch, und auch die alte Marie, die ihr Wollknäuel wieder in Ordnung gebracht hatte, hörte aufmerksam zu. Als Jakob sich nun an die alte Frau wandte und um ihre Mithilfe bat, stieg ihr die Röte in die Wangen.

Ein wenig verschämt und auch wieder geschmeichelt, antwortete sie: „Aber freilich, es wird mir eine Ehre sein, den jungen Herren dabei zu helfen. Aber soll denn wirklich das alles aufgeschrieben werden, was ich so erzähle?"

„Was wir gehört haben und noch hören werden, ist sehr wertvoll für uns. Wann dürfen wir denn zum nächsten Märchenerzählen kommen?"

Wilhelm, der bereits nach Stift und Papier in seinen Taschen kramte, blickte fragend von der Frau des Hauses zur

alten Marie. Die Apothekerin lächelte. „Fangt doch gleich morgen mit den ‚Drei Raben' an. Das ist ein sehr hübsches Märchen, das unsere Marie besonders gern erzählt!"

Auch die alte Marie nickte eifrig. „Freilich, freilich, bin gern bereit dazu. Solange mich mein Kopf nicht im Stich lässt, will ich schon fleißig erzählen, wenn es den Herren beliebt." – „Marie, vergiss nicht auf meine Lieblingsmärchen: ‚Das Marienkind' und ‚Prinz Schwan'!", rief Gretchen. „Und Mutter kann Jakob und Wilhelm das Märchen vom ‚Dummling' erzählen. Das tust du doch, Mutter, nicht wahr?", fiel Dortchen ein. „Wir werden alle mithelfen, Märchen zu sammeln, auch Vater kann einige zum Besten geben!"

Der Apotheker schmunzelte. „Ihr seht, die ganze Familie steht euch zu Diensten, also steckt genügend Bleistifte ein und Papier, damit der Vorrat nicht ausgeht."

Unter Lachen und vergnügten Reden verabschiedete man sich.

Als Jakob und Wilhelm dann durch die

menschenleeren Gassen nach Hause gingen, hing jeder zunächst seinen Gedanken nach. Irgendwie fühlten sie, dass an diesem Abend eine Entscheidung gefallen war: Sie waren im Begriff, etwas anzufangen, von dem sie noch nicht wussten, wohin es führen würde. Aber sie waren dazu entschlossen, und das erfüllte sie mit Freude.

Wilhelm sperrte das Haustor auf, räusperte sich und sagte zu Jakob: „Erinnerst du dich, wie wir als Buben Schneckenhäuser gesammelt haben und hübsche Steine oder Pflanzen? Jetzt sammeln wir wieder, nur werden es eben *Märchen* sein!"

„Vielleicht sind wir zum Sammeln und Bewahren geboren", gab Jakob ernst zurück. „Für die alten Volksmärchen haben wir doch schon immer etwas übrig gehabt. Außerdem ..."

Er sah dem Bruder beim Schein des flackernden Lichts, das im Hausflur brannte, ins Gesicht: „Außerdem ist das eine Arbeit, die wir gemeinsam machen können, und so etwas haben wir uns ja immer gewünscht, nicht wahr?"

„Du hast recht, das haben wir uns immer gewünscht, schon als kleine Buben“, nickte Wilhelm. Dann stiegen sie die Treppen zu ihrer Wohnung hinauf.

Der arme Müllerbursch und das Kätzchen

In einer Mühle lebte ein alter Müller, der hatte weder Frau noch Kinder, nur drei Müllerburschen waren bei ihm. Als sie ihm nun etliche Jahre gedient hatten, sagte er eines Tages zu ihnen: „Ich bin alt und will mich hinter den Ofen setzen und meine Ruhe haben. Zieht hinaus in die Welt, und wer mir das beste Pferd nach Hause bringt, dem will ich die Mühle übergeben und der soll mich bis an mein Lebensende hier verpflegen."

Der Dritte von den Burschen war aber der Kleinknecht, dem gönnten die andern die Mühle nicht, auch wurde er von ihnen für dumm gehalten.

Trotzdem zogen sie alle drei miteinander aus, und wie sie vor das Dorf kamen, sagten die Zwei zu dem Dritten: „Bleib doch hier, dummer Hans, du bekommst dein Lebtag keinen Gaul!"

Hans aber ging weiter mit ihnen, und als es Nacht war, kamen sie zu einer Höhle, in der legten sie sich schlafen. Die zwei klugen Burschen warteten, bis Hans eingeschlafen war, dann standen sie leise auf und machten sich davon. Sie meinten, sie hätten es recht fein gemacht, ihn loszuwerden.

Wie nun die Sonne kam und Hans aufwachte, fand er sich allein in der Höhle. Er blickte sich um und rief: „Ach Gott, wo bin ich denn da hingeraten?"

Dann kroch er hinaus, ging in den Wald und dachte: „Hier bin ich ganz verlassen, wie soll ich nur zu einem Pferd kommen?"

Als er so in Gedanken dahinging, begegnete ihm ein buntgeschecktes Kätzchen, das sprach ihn freundlich an: „Hans, wo willst du denn hin?"

„Ach, du kannst mir doch nicht helfen."

Doch das Kätzchen sprach weiter: „Was dein Begehren ist, weiß ich wohl, du willst ein hübsches Pferd haben. Komm mit mir und sei sieben Jahre lang mein treuer

Knecht, so sollst du eines bekommen, schöner, als du je eines gesehen hast."

„Nun, das ist eine wunderliche Katze", dachte Hans, „aber sehen will ich doch, ob das wahr ist, was sie sagt."

Da nahm ihn die Katze mit in ihr verwunschenes Schlösschen und hatte da lauter Kätzchen, die ihr dienten. Die sprangen flink die Treppe auf und ab und waren immer fröhlich und guter Dinge.

Abends, als sie sich zu Tisch setzten, mussten drei Kätzchen Musik machen, eins strich den Bass, das andere die Geige, das dritte setzte die Trompete an und blies die Backen auf, sosehr es nur konnte.

Nach dem Essen wurde der Tisch weggetragen und alles fortgeräumt, und die bunte Katze sagte: „Nun komm, Hans, und tanze mit mir!"

„Nein", antwortete der, „mit Mietzekatzen tanze ich nicht, das habe ich noch niemals getan."

„So bringt ihn zu Bett", befahl sie den Kätzchen.

Da leuchtete ihm eins in die Schlafkammer, eins zog ihm die Schuhe aus, eins die Strümpfe, und zuletzt blies eins das Licht aus.

Am andern Morgen kamen sie wieder und halfen ihm aus dem Bett, eines zog ihm die Strümpfe an, eins band ihm die Strumpfbänder, eins holte die Schuhe, eins wusch ihn, und eins trocknete ihm mit dem Schwanz das Gesicht ab.

„Das macht ihr sehr sanft", lobte unser Hans.

Er musste aber auch der bunten Katze dienen und alle Tage Holz klein machen. Dazu gab sie ihm eine Axt von Silber, auch Keile und Säge waren ganz von Silber, nur der Schläger war aus Kupfer. Er machte also das Holz klein, blieb im Haus, hatte sein gutes Essen und Trinken, sah aber niemanden außer der bunten Katze und ihrem Katzengesinde.

Einmal sagte sie zu ihm: „Geh hin und mähe meine Wiese und lasse das Gras trocknen."

Sie gab ihm eine Sense von Silber und

einen Wetzstein, der war ganz aus Gold. Er solle aber alles wieder ordentlich abliefern, befahl sie ihm. Da ging Hans hin und tat, wie ihm geheißen war. Nach vollbrachter Arbeit trug er Sense, Wetzstein und Heu nach Hause und fragte, ob sie ihm nicht schon seinen Lohn geben könne.

„Nein", sagte die Katze, „du sollst erst noch etwas für mich tun. Da ist Bauholz von Silber, eine Zimmeraxt, ein Winkeleisen und was noch nötig ist, alles von Silber. Daraus sollst du mir ein Häuschen bauen."

Da baute Hans ihr das Häuschen und sagte, er hätte nun alles getan und hätte doch noch kein Pferd. Die sieben Jahren waren ihm so schnell verflogen wie sonst ein halbes. Die Katze nickte und fragte, ob er ihre Pferde sehen wolle.

„Ja", sagte Hans.

Da machte sie ihm das silberne Häuschen auf, und darin standen zwölf Pferde, die waren so prächtig, dass einem das Herz im Leibe hüpfte vor Freude.

Die Katze gab nun Hans noch zu essen

und zu trinken und sagte dann: „Geh nur heim, dein Pferd gebe ich dir jetzt nicht mit, aber in drei Tagen bringe ich's dir nach."

Also machte Hans sich reisefertig, und sie zeigte ihm den Weg zur Mühle. Sie hatte ihm aber nicht einmal ein neues Gewand gegeben, er musste in seinem alten, lumpigen Kittel gehen, der ihm in den sieben Jahren überall zu kurz geworden war.

Wie Hans nun heimkam, da waren die andern beiden Müllerburschen schon da. Jeder hatte zwar ein Pferd mitgebracht, aber das eine war blind, das andere lahm.

Die Burschen fragten gleich: „Hans, wo hast du dein Pferd?"

„In drei Tagen wird's nachkommen."

Da lachten sie und sagten: „Wo willst denn du ein Pferd herkriegen, dummer Hans? Das wird wohl was Rechtes sein!"

Hans ging in die Stube, der Müller verbot ihm aber, sich an den Tisch zu setzen, er wäre so zerrissen und zerlumpt, man müsse sich schämen. Da gaben sie ihm ein bisschen Essen hinaus, und wie sie abends schlafen gingen, wollten ihm die zwei andern kein Bett in der Kammer geben; er musste in den Gänsestall kriechen und sich dort ins Stroh legen.

Am Morgen, wie er aufwacht, sind schon drei Tage herum, und es kommt eine Kutsche an mit sechs Pferden. Ei, wie die glänzten und prächtig waren! Und ein Bedienter brachte noch ein siebentes Pferd, das war der Lohn für den armen Müllerburschen.

Aus der Kutsche aber stieg eine wunderschöne Prinzessin und ging in die Mühle hinein. Die Prinzessin war das kleine, bunte Kätzchen, dem der arme Hans sieben Jahre lang gedient hatte. Sie fragte den Müller, wo denn der Mahlbursche, der Hans, wäre.

Da sagte der Müller: „Den konnten wir nicht in der Mühle lassen, der ist so zerrissen und zerlumpt. Er liegt draußen im Gänsestall auf dem Stroh."

Da befahl die Prinzessin, sie sollten ihn gleich herbeiholen.

Also holten sie den armen Hans herein, und der hielt seinen Kittel mit den Händen fest, weil er schon ganz zerrissen war. Da packte der Diener prächtige Kleider aus Samt und Seide aus und half ihm waschen und anziehen. Als Hans nun fertig war, konnte kein Königssohn schöner aussehen. Die Prinzessin verlangte jetzt die Pferde zu sehen, welche die anderen Müllerburschen mitgebracht hatten. Da war das blinde und das lahme. Sie ließ nun das siebente Pferd vorführen.

Da rief der Müller: „So eines ist mir noch nie unter die Augen gekommen!"

„Das gehört deinem dritten Mahlburschen", sagte die Prinzessin.

„Dann muss er die Mühle bekommen", meinte der Müller.

Die Prinzessin aber sagte, er möge das Pferd nehmen und auch die Mühle behalten, und sie nahm ihren treuen Hans bei der Hand, stieg mit ihm in die Kutsche, und sie fuhren fort.

Zuerst fuhren sie zu dem Häuschen, das er mit den silbernen Werkzeugen gebaut hatte. Da stand aber ein großes Schloss, und alles darin war von Silber und Gold.

Hier haben sie geheiratet, und der arme Müllerbursche war auf einmal so reich, dass er für sein Lebtag genug hatte.

Darum soll keiner sagen, dass, wer dumm ist, nicht doch etwas Rechtes werden könne.

„Eine Geschichte von einem Riesen, bitte, Großmutter!", rief der kleine Hansi. Als Jüngster der Enkelschar hatte er seine besonderen Wünsche. Diesmal stimmten ihm die Zwillinge Tom und Ricky begeistert zu.

„Weißt du nicht noch eine Geschichte von dem Riesen Bullebos?", grinste Tom. „Das war doch der, der immer gesagt hat:

‚Ich bin so groß wie eine Tanne,
so breit wie eine Eiche,
aber leider nur halb so gescheit
wie ein Birnbaum – hat meine Großmutter
immer gesagt.'"

Tom hatte versucht, die tiefe Stimme des tollpatschigen Riesen nachzuahmen, und alle lachten.

Die Großmutter überlegte: „Oja, ich kenne noch eine Geschichte, in der der Riese Bullebos vorkommt. Aber vor allem kommt darin die kleine, kluge Lilli vor. Von der habe ich euch noch nicht erzählt. Lilli Lund liebt alle Tiere und versucht ihnen stets zu helfen, wenn sie in Not geraten sind ..."

Die Großmutter nickte Marlis, der Freun-

din ihrer Enkelin Betty, zu. Marlis war bekannt dafür, dass sie alle armen Katzen versorgte und Vögel, die aus dem Nest gefallen waren, liebevoll großzog.

„Diese Lilli Lund muss irgendwie mit unserer Marlis verwandt sein", lächelte die Großmutter, „aber das werdet ihr ja gleich selber herausfinden, wenn ihr meine Geschichte hört. Sie heißt: ‚Lilli Lund und der Riese Bullebos'."

Lilli Lund und der Riese Bullebos

In den weiten, dunklen Wäldern am Alva-See hoch im Norden ist die kleine Lilli Lund zu Hause. Ein dickes Wolltuch schützt sie vor der Kälte, die ganze schmächtige Gestalt ist damit eingehüllt. Ihre Beine stecken in derben Stiefeln, die ihr bestimmt 2 Nummern zu groß sind. So stapft sie durch den Schnee und trägt in ihre Schürze eingewickelt den kleinen Snapp, ihren roten Eichkater, den sie soeben aus einer Falle gerettet hat, die der Riese überall im Wald aufgestellt hat.

Snapps Beinchen ist verletzt, Lilli trägt ihn zur alten Waldmutter, die ihn mit Salben und Kräutern gesund pflegen wird.

Aber Lilli ist sehr böse auf den Riesen und sie will ihm ganz gehörig ihre Meinung sagen!

Da ist es ihr gerade recht, dass sie ihm bald darauf im Wald begegnet. Furchtlos stellt sie sich ihm in den Weg und ruft: „Herr Bullebos, was fällt dir denn ein, dass du so grässliche Fallen aufstellst? Du bist wohl nicht bei Troste?" Ja, so keck redet die kleine Lilli mit dem mächtigen Kerl. Der schnauft ärgerlich:

„Ich bin so groß wie eine Tanne, so breit wie eine Eiche, aber leider nur halb so gescheit wie ein Birnbaum, hat meine Großmutter immer gesagt. Aber du freche, kleine Kröte, was willst denn du von mir?"

„Ich will wissen, warum du die Fallen aufstellst!", schreit Lilli.

„Hoo, brauche doch Felle für eine warme Mütze, schöne, weiche Eichkatzfelle ...", schnauft der Riese.

Da wird Lilly so wütend, dass sie zu ihm hinaufschreit:

„Wenn du nicht aufhörst, diese schrecklichen Fallen zu stellen, dann musst du dich vor mir in Acht nehmen, Herr Bullebos! Dann werde *ich* dir eine Falle stellen, in die du bestimmt hineintappen wirst, und es wird eine sehr gefährliche Falle sein. Ich warne dich, hörst du?"

Der Riese war ein einfältiger Tropf und obwohl er so stark und groß war, schüchterten ihn die Worte der kleinen Lilli ein.

Zum Kuckuck, was für eine Falle wollte sie ihm denn stellen? Von jetzt ab würde er wohl sehr aufpassen müssen.

Brummend stapfte er davon.

Lilly aber eilte zur Waldmutter, um nach ihrem Snapp zu sehen. Der Waldmutter erzählte sie von dem Streit mit dem Riesen, und diese schüttelte den Kopf.

„Lilli, du keckes Ding, wie kannst du nur so mit ihm reden? Und was hat es mit der Falle auf sich, mit der du ihm gedroht hast?"

Da lachte Lilli: „Ach, das habe ich ja nur so gesagt. Wo sollte ich denn eine Falle hernehmen? Aber wenn er von jetzt an meine Eichkätzchen schont, dann stricke ich ihm eine Mütze aus einer dicken Wolle, die ich daheim habe!" Die Waldmutter nickte. „Ja, tu das, Lilly. Bald feiern wir Weihnachten, das ist ein Fest des Friedens. So soll es auch keinen Streit zwischen dir und Bullebos geben."

Es waren gute Worte, die die Alte gesprochen hatte, und Lilli nahm sich vor, danach zu handeln. Sie wollte gleich mit der Arbeit für die Mütze des Riesen anfangen.

Ein paar Tage danach traf die Waldmutter den Riesen. Er tappte ganz vorsichtig durch das Gehölz, schaute sich immer wieder um und benahm sich so sonderbar, dass die Alte erstaunt fragte:

„Ei, was ist denn mit euch los, Herr Bullebos, dass ihr gar so vorsichtig einhergeht? Das ist doch sonst nicht eure Art."

Da schnaufte der Riese:

„Hoo, muss Acht geben. Dieser Krabbelkäfer, die Lilli, will mir doch eine Falle stellen. Muss vorsichtig sein, ganz vorsichtig ..."

„Ja, ja, ihr habt schon Recht, Herr Bullebos, geht nur immer vorsichtig durch den Wald! Lilli Lund ist ein kluges Mädchen, sie wird schon wissen, warum sie euch gewarnt hat!"

Lautes Krähengeschrei ließ die Waldmutter aufhorchen. War das nicht Mörti, Lillis zahme Krähe? Da kam Mörti auch schon herbeigeflattert und krächzte aufgeregt.

„Hoo, was will der schwarze Rabenbraten? Was ist los?" Auch der Riese war neugierig stehengeblieben. Die Waldmutter aber verstand die Sprache der Krähen, und so erfuhr sie die schlimme Botschaft. Erschrocken wiederholte sie, was Mörti ihr zukrächzte:

„Lilli ist draußen im Moor! Sie sitzt auf einer Grasinsel und kann weder vor noch zurück. Das arme Kind! Wenn es Nacht wird, ist sie da draußen verloren ..."

Das war wirklich keine gute Nachricht. Die Leute dort oben am Alva-See wissen, wie tückisch das Moor ist und dass es seine Gefangenen selten wieder freigibt.

Der Riese Bullebos starrte die Waldfrau an. Das Denken ging bei ihm immer langsam, doch dann stotterte er:

„Hoo, was hat denn das kleine, kecke Ding im Moor zu suchen, was denn?"

Die Alte aber scheuchte die Krähe fort, die sie immer noch umflatterte, und rief: „Man muss alle Männer im Dorf zusammenrufen, damit sie Lilli Lund retten ... Rasch, wir müssen Hilfe holen!" Doch Bullebos schnaufte verächtlich durch die Nase:

„Hilfe holen? Hoo, was können diese Krabbler in Filzpantoffeln, diese Maulwürfe aus dem Dorf, schon ausrichten? Bullebos wird helfen, Bullebos wird Lilli Lund aus dem Moor holen ..."

Und bevor die Waldmutter noch etwas sagen konnte, hatte der Riese schon einen Baum ausgerissen und stapfte eilig davon. Mörti flog vor ihm her, um ihm den Weg zu weisen. Ihre heiseren Schreie hallten über das stille, winterliche Land.

Die arme kleine Lilli, die nun schon ein paar Stunden hilflos auf der schmalen Grasinsel ausgeharrt hatte, hörte die Schreie. Nun schöpfte sie wieder Hoffnung. Lilli richtete sich auf und spähte über das Moor, diese weite, nebelverhangene Fläche.

Wer war es denn, der ihr zu Hilfe kam? Wer kam sie befreien? Aber sie wollte ihren Augen kaum trauen, als sie den Riesen heranstapfen sah. Wie ein mächtiger, grauer

Felsbrocken bahnte er sich seinen Weg. Mit seinen großen Füßen, die in hohen Stiefeln steckten, platschte er einfach durch das braune, sumpfige Wasser. Dort wo es tiefer wurde, legte er den Baumstamm von einer festen Stelle zur anderen und schwang sich hinüber wie auf einer Brücke. Immer wieder hallte sein Ruf übers Moor: „Hoo, ich komme! Halte aus Lilli Lund – ich komme!"

Und endlich stand der Riesenkerl vor der Grasinsel, auf der die kleine Lilli kauerte.

Staunen und Dankbarkeit waren in ihrer Stimme, als sie rief:

„Herr Bullebos! Bist du es wirklich? Und du kommst mich holen, obwohl du dich über mich geärgert hast?"

Der Riese grunzte:

„Hoo, geärgert schon, bist eine kecke, kleine Kröte! Aber kann dich doch nicht hier sitzen lassen, mitten im Moor!"

Er streckte seine große Hand aus und hob Lilli behutsam hoch, so als ob sie ein Grasbüschel wäre oder ein Federchen.

Dann trug er das Mädchen zurück über

den Baumstamm von einer Grasinsel zur nächsten.

Über den beiden aber flog die Krähe Mörti und krächzte laut vor Freude. Der böse kleine Irrlicht-Trull, der Lilli hinaus ins Moor gelockt hatte, hockte in seinem feuchten Versteck und ärgerte sich über die Rettung.

Als sie wieder festen Boden unter den Füßen hatte, sah Lilli zu dem Riesen auf und sagte ernsthaft:

„Ich danke dir, Herr Bullebos, ich danke dir viel, vielmals! Du hast mich gerettet. Kein anderer hätte das gekonnt."

Sie hielt ihm ihre kleine, kalte Hand hin. Der Riese nahm sie und schüttelte sie vorsichtig. Er machte dazu ein ganz grimmiges Gesicht, aber das kam nur davon, weil er gar so verlegen war.

„Schon gut. Vergessen wir alles, auch die Fallen. Will keine mehr im Wald aufstellen, hörst du?"

Lilli lachte zu ihm hinauf: „Ja, ja, vergessen wir es! Die Waldmutter hat Recht, wenn sie sagt: Weihnachten ist ein Fest des Friedens, da soll es keinen Streit geben zwischen uns. Und damit du keine Eichkätzchen-Felle mehr brauchst, bekommst du von mir eine warme, wollene Mütze. Ist dir das recht, Herr Bullebos?"

Der Riese grinste und nickte.

„Hoo, das ist mir recht, sehr recht! Bist ein kleines, kluges Ding, Lilli Lund, und ich bin froh, dass jetzt wieder Frieden ist zwischen uns!"

Seht ihr, und so war von nun an Frieden im dunklen Wald, hoch oben am Alva-See. Darüber freuten sich alle: Der Riese Bullebos, die kleine Lilli, die Waldmutter und sogar Mörti, die Krähe. Der boshafte Moorzwerg Trull aber hatte das Nachsehen.

Als wieder alle um sie geschart saßen, schaute die Großmutter in die Runde und sagte:

„Heute will ich euch eine Geschichte vom Regenbogen erzählen. So ein Regenbogen ist zwar im Winter eine seltene Himmelserscheinung, im Sommer aber habt ihr sicher schon oft diesen farbigen Lichterbogen am Himmel beobachten können. Mich beeindruckt so ein Regenbogen jedes Mal aufs Neue!"

Onkel Georg mit dem Schnurrbart nickte. Er murmelte etwas von einer atmosphärischen Lichterscheinung, durch Reflexion und Brechung der Sonnenstrahlen bei Luftfeuchtigkeit ausgelöst ..., aber das war zu schwierig für die Kleinen. Brigitte unterbrach ihn mit der einfachen Erklärung:

„Also, auf jeden Fall braucht es viele kleine Wassertröpfchen in der Luft, dass wir die Regenbogenfarben Rot, Orange, Gelb, Grün, Blau und Violett am Himmel sehen können. Das geschieht eben meist unmittelbar nach einem Gewitterregen."

„Genau so ist es", nickte ihr die Großmut-

ter zu. „Aber mein Regenbogen, den könnt ihr jetzt im Trockenen erleben – in einem Märchen, meine ich. Und in diesem Märchen spielt auch eine Großmutter eine ganz wichtige Rolle."

„Genau wie du, Großmutter!", lachte Ricky und Tom, ihr Zwillingsbruder wiederholte: „Ja, wie du!"

„Fast genau wie ich", lächelte die Großmutter. Und dann erzählte sie.

Die Geschichte vom Regenbogen

Es war einmal eine alte Frau, die hatte einen Regenbogen. So wie andere sich einen Hund oder eine Katze hielten, so lebte sie eben mit einem Regenbogen.

Meist lag er ganz klein zusammengerollt in einem Körbchen, und nur wenn es geregnet hatte und die Luft klar und sauber war, ließ die alte Frau ihren Regenbogen hinaus.

„Geh nur, mein Kleiner", sagte sie, „aber pass gut auf, dass deinen schönen Farben nichts geschieht!"

Da sprang der Regenbogen aus seinem Korb und aus dem Haus. Er wurde länger und länger und spannte sich im weiten Bogen über den Himmel.

Die Großmutter schaute ihm nach, winkte und rief:

„Sei vorsichtig und komm bald wieder zurück!"

Da war der Regenbogen sehr glücklich. Er begrüßte die Wolken, den Wind, die Sonne und die Vögel. Und alle grüßten zurück und nickten ihm zu, denn über einen schönen Regenbogen freuten sich alle.

Am Abend, wenn es dunkel wurde, kehrte der Regenbogen zurück in das kleine Haus der Großmutter. Sie ließ immer ein Fenster offen für ihn, so konnte er hineinschlüpfen, sich wieder zusammenrollen und in sein Körbchen legen.

„Gut, dass du wieder daheim bist, mein Kleiner", sagte die alte Frau und setzte sich zufrieden auf die Ofenbank.

Eines Tages, als der Regenbogen lange über den Himmel gewandert war, fand er bei seiner Rückkehr das Fenster geschlossen. So konnte er nicht ins Haus. Da dachte er: „Ach was, dann bleibe ich eben noch ein wenig draußen und sehe mir die Welt an, wenn sie dunkel wird. So kenne ich sie noch gar nicht."

Diese dunkle Welt kam ihm nun wirklich ganz fremd vor. Ohne Sonne, ohne Farben, auch ohne Vögel. Alles war finster und still.

Der Regenbogen verfing sich im Geäst eines Baumes, stieß sich an einem hohen Schornstein und erschrak vor dem Abendstern, der ihm wie ein großes, helles Auge erschien. Auch die Fledermäuse waren ihm unheimlich. Er hielt sie für Nachtgespenster und fürchtete sich.

Am liebsten wäre er jetzt zu Hause in seinem Körbchen gelegen, aber er fand in der Dunkelheit das kleine Haus der Großmutter nicht mehr. Traurig setzte er sich, klein zusammengerollt, auf den Ast eines kahlen Baumes, um den Morgen abzuwarten. Plötzlich hörte er ein seltsames Geräusch und fühlte wie etwas auf ihn niederfiel. Er sprang auf und wollte fliehen, aber es ging nicht, die Maschen eines Netzes hielten ihn gefangen.

„Ei, ei, ei, was habe ich denn da in meinem Netz?", kicherte eine Stimme in seiner Nähe. Ein sonderbarer Wicht mit einem übergroßen Kopf auf einem schmächtigen Körper kletterte zu ihm hinauf. Das war der „Wunderliche Jakob", so nannte man ihn im Dorf. Die Leute dort hielten ihn

für einen Hexenmeister. Das war er wohl auch.

Der Wunderliche Jakob saß Nacht für Nacht in seinem Birnbaum, um mit einem Netz Sternschnuppen zu fangen. Nun hatte er zwar keine Sternschnuppe, aber einen Regenbogen gefangen!

Er trug das Netz ins Haus, um sich seine Beute anzusehen. Erst da sah er, welch köstlichen Fang er gemacht hatte.

„Ei, ei, ei, ein Regenbogen um Mitternacht gefangen, das ist mehr Glück als zehn Sternschnuppen zusammen!“, freute er sich. Er wandte sich an seinen Gefährten, einen prächtigen Hahn, der hinter ihm in die Stube stolziert war: „Was sagst du dazu, Freund Gockelmann?“

„Kikerikie, Regenwürmer sind mir lieber!“, krähte der.

„Wer weiß, wozu ein Regenbogen gut ist“, kicherte sein Herr. Er holte einen Vogelkäfig herbei und steckte den Regenbogen hinein. Klapp, da war das Türchen zu.

„Wozu ein Regenbogen gut sein soll, weiß ich nicht, aber wozu ein Regenwurm gut ist, das weiß ich genau!", krähte Gockelmann.

Doch der Wunderliche Jakob hörte gar nicht auf ihn. Er gähnte und ging zu Bett.

Als das Morgenlicht die Stube erfüllte, fing der gefangene Regenbogen im Käfig zu leuchten an. Gockelmann, der Hahn, sah es voll Staunen. Der hat ja noch schönere Farben als ich im Gefieder, dachte er. Das helle Gelb stach ihm besonders in die Augen, das hätte er gerne gehabt.

So schlug er dem Gefangenen einen Handel vor. „Gib mir dein schönes Gelb, dann öffne ich mit dem Schnabel das Käfigtürchen und lasse dich hinaus!"

Der Regenbogen war einverstanden. Er schenkte dem Hahn die gelbe Farbe, und der ließ ihn dafür aus dem Käfig.

Als er wieder im Freien war, fühlte er sich aber so müde und matt, dass er nur langsam weiterkam. Es hatte schon lange nicht geregnet, die Luft war sehr trocken, da war es kein Wunder, dass der Regenbogen sich nicht wohl fühlte. Erschöpft setzte er sich in die Zweige eines Apfelbaumes. Da säuselte der ihm zu:

„Du brauchst Wasser, Feuchtigkeit! Ich kann dir sagen, wo du das findest, aber du musst mir zuerst dein leuchtendes Rot für meine Äpfel geben!"

Der Regenbogen überlegte nicht lange. Er schenkte dem Apfelbaum sein schönes Rot, und der wies ihm dafür den Weg zu einem Wasserfall.

Herrlich kühl und feucht war es da, der Regenbogen konnte sich erholen und fühlte sich wieder besser.

„Lass mich doch eine Weile hier bei dir bleiben", bat er den Wasserfall. „Ich muss den nächsten Regen abwarten, bevor ich mich auf die Heimreise machen kann."

Da rauschte der Wasserfall: Du hast so ein schönes Grün an dir. Schenke es mir für meine Wellen, dann will ich dich gerne hier behalten."

Der Regenbogen schenkte auch sein leuchtendes Grün weg und blieb bei dem Wasserfall. Nach drei Tagen fing es an zu regnen, und danach schien die Sonne wie-

der. Das war das richtige Wetter für unseren Regenbogen.

Groß und weit spannte er sich über den Himmel, und bald hatte er das Häuschen der Großmutter entdeckt. Wie gut, dass ein Fenster offen stand, da konnte er gleich hineinschlüpfen.

„Da bist du ja endlich, mein Kleiner!“, rief die alte Frau, die schon bange auf ihn gewartet hatte.

Doch dann bemerkte sie, dass drei seiner schönsten Farben fehlten, er leuchtete nur noch blass in Blau und Orange und Violett.

„Was hast du nur angestellt, mein Kleiner? Wo ist dein Rot, dein Gelb und dein Grün geblieben?“

Doch der Regenbogen war zu müde, um ihr alles zu berichten. Es war auch nicht nötig, denn die Großmutter lief schon geschäftig in die Küche. Sie braute einen Tee aus Rosmarin, Thymian und Salbei. Das Gebräu schüttelte sie in ein Wasserschaff und trug es in die Stube.

„Darin musst du baden, mein Kleiner“, sagte sie. Tatsächlich! Als der Regenbogen gebadet hatte, leuchteten alle seine Farben wieder wie zuvor.

Die alte Frau freute sich: „Siehst du, mein Kleiner, nun hast du alle Farben wieder an dir, auch die, die du weggeschenkt hast; das Rot, das Gelb und das Grün. So gehört es sich für einen richtigen, ordentlichen Regenbogen!

Und so werden wir ihn sicher wieder demnächst am Himmel sehen.

„Da kenne ich noch eine Geschichte, in der ein Waldmännlein, ein sogenanntes ‚Nörglein', vorkommt. Es ist schon eher eine Sage und ich finde sie sehr lustig. Ich glaube, sie wird euch sicher gefallen!"

Damit eröffnete die Großmutter das heutige Treffen.

Alle, die sich eingefunden hatten, die Kleinen und die Großen, waren einverstanden. Lustige Geschichten hörten sie immer gern.

„Und wie heißt deine Geschichte, Großmutter?", fragte der lange Paul.

„Der starke Jakob und das Nörglein."

„Und wer ist der starke Jakob?", wollte Felix wissen. „Ist das so ein Catcher oder Gewichtheber? Ein Schwerathlet?"

Da lachte die Großmutter:

„Ich weiß nicht, ob man ihn so bezeichnen kann. Er ist jedenfalls ein kräftiger Bauernbursche, der im Wald Holz fällt. Und das Nörglein ist – wie ihr ja schon wisst, ein kleiner, zwergenhafter Waldgeist, vor dem die Leute im Gebirge aber immer Respekt ha-

ben. Diese Nörglein können manchmal recht boshaft sein.

„Das haben wir ja schon einmal gehört", nickte Betty, „deshalb bin ich neugierig, wie der starke Jakob mit dem Nörglein zurecht kommt!

Man sah es den anderen an, dass sie auch dieser Meinung waren. Sie rückten zusammen und machten erwartungsvolle Gesichter.

Die Großmutter nahm ihr Buch und begann zu lesen.

Der starke Jakob und das Nörglein

Tag für Tag stapfte der starke Jakob in den Wald, um Holz zu schlagen. Immer höher musste er den Berg hinaufsteigen. Dort arbeitete er dann viele Stunden ganz allein, ohne eine Menschenseele zu sehen. Da tauchte eines Tages ein Nörglein bei ihm auf. Diesen Waldwichten schrieb man unheimliche Kräfte zu. Die Leute im Dorf unten fürchteten sich vor ihnen, aber der starke Jakob kannte keine Angst.

Zunächst kümmerte er sich gar nicht um das Nörglein, er hieb mit der Axt Zweige von den gefällten Bäumen und verschwendete keinen Blick an den Kleinen.

Das Nörglein aber stand da und schaute stumm dem Burschen zu. Eine ganze Weile ging das so. Schließlich fragte es neugierig:

„He, du! Was tust denn da?“

Kurz angebunden antwortete der Jakob: „Das siehst du doch – ich arbeite."

„Und warum arbeitest denn?", fragte das Nörglein weiter.

Der Jakob brummte: „Weil ich Geld verdienen muss, darum."

Dann legte er die Hacke zur Seite und hauchte in seine Hände, die vom Frost ganz rot waren.

Aufmerksam beobachtete ihn das Nörglein.

„He, du!" Was tust denn jetzt?"

„Ich wärm mir die Händ', weil es heut so kalt ist." Da nickte der Kleine.

„Aha, da bläst es warm aus deinem Mund, gelt?"

„Ja, ja, so ist es, aber lass mich jetzt in Frieden!"

Dem Jakob war die Fragerei schon zu viel, er arbeitete schweigend weiter, bis es Zeit wurde, eine Mittagspause einzulegen.

An einem kleinen Reisigfeuer wärmte er sich sein mitgebrachtes Essen. Das Nörglein stand immer noch da und schaute neugierig zu. Als der Jakob seinen Löffel aus der Tasche zog und heißhungrig zulangte, verbrannte er sich den Mund an dem Bissen und blies deshalb das nächste Mal erst auf den Löffel, ehe er ihn in den Mund schob.

Da rief das Nörglein ganz verwundert:

„Ja, ist denn dein Essen nicht heiß genug geworden über dem Feuer, dass du draufblasen musst wie auf deine kalten Finger?"

Da musste der Jakob lachen. Er kaute und schluckte und sagte dann:

„Ja mei, ich blas doch auf den Bissen, weil ich ihn abkühlen will, du Dummerchen. Verstehst denn das nicht?"

Ganz entsetzt rief da das Nörglein:

„Holzhacker, du bist ein unheimlicher Kerl! Kannst warm und kalt aus deinem Mund blasen? Bei dir bleib ich nimmer, da fürcht ich mich zu sehr!"

Und weg war er und hat sich nicht mehr sehen lassen.

Seht ihr, so hat sich einmal ein Nörglein vor einem Menschen gefürchtet und nicht –

wie es sonst üblich war – ein Mensch vor einem Nörglein.

Bis zum Weihnachtsabend waren es nur noch ein paar Tage, deshalb schlug die Großmutter vor: Jeder, der eine schöne Weihnachtsgeschichte kennt, soll sie erzählen!

Die Kinder waren einverstanden. Sie berieten gleich, wer wohl die schönste Geschichte wusste. Natürlich hatte jedes seine Lieblingsgeschichte. So schnell konnte man sich nicht einigen.

„Nun, dann will ich gleich den Anfang machen. Ich erzähle euch ‚Von Sternen und Kerzen', sagte die Großmutter. „Und wer kommt dann nach mir?"

Betty meldete sich. „Ich würde gerne eine Sage erzählen, die ich vor kurzem gelesen habe. Sie heißt: ‚Die goldenen Schuhe der Muttergottes'."

„Und ich lese euch ‚Das Christkind von Palma' vor, das hat mir so gut gefallen." Das war der lange Paul, der immer sehr eifrig bei der Sache war.

„Ich weiß keine Geschichte, aber ein Gedicht, das von Weihnachten handelt!", rief Ricky.

„Das passt sicher genauso dazu, ich freue mich schon darauf“, beruhigte sie die Großmutter.

„Und ich kenne zwei Geschichten, in denen kommen Tiere vor!“ Die blonde Marlis war bekannt als große Tierfreundin. Der dicke Friedel aber trumpfte sofort auf:

„In meiner Geschichte kommt sogar der Teufel vor!“

„Da kann es doch keine Weihnachtsgeschichte sein!“ Brigitte schüttelte den Kopf.

„Ist sie doch, ihr werdet schon hören!“, verteidigte sich Friedel.

„Nicht wahr, Großmutter, ich darf doch die Geschichte von den Splittern des Teufelsspiegels erzählen?“

Die Großmutter nickte: „Natürlich Friedel, jeder darf das erzählen, was ihm am besten gefällt!“

Und dann fing sie gleich mit ihrer Geschichte an.

Von Sternen und Kerzen

Die Sterne schauten vom dunklen Nachthimmel auf die Erde hinunter. Dort war gerade Winter. Schnee war über die Landschaft gebreitet wie eine weiße Decke. Der Frost hatte glitzernde Eiszapfen an Äste und Dächer gehängt. Es war auch sehr still, denn der Schnee dämpfte jedes Geräusch auf den Straßen. Die Wagenräder rollten wie auf Samt dahin. Menschen und Tiere, die noch unterwegs waren, bewegten sich fast lautlos, und die Vögel duckten sich ins Gebüsch.

Selbst die hungrigen Krähen waren verstummt. Sie träumten in ihren Schlafbäumen. Alles Leben schien im Winterwald erstorben, die Dörfer waren wie verlassen. Die Menschen saßen in ihren warmen Stuben und waren froh, nichts draußen zu tun zu haben.

Aus einem kleinen Haus am Ende des

Dorfes fiel schwacher Lichtschein. Es war ein anderes Licht als das Glitzern der Sterne oder das kalte Licht des Mondes, es war ein warmes, gelbliches Licht. Es leuchtete aus dem Fenster und malte einen goldgelben Klecks in den Schnee.

Ein wenig spöttisch meinte ein Stern: „Was soll das bisschen Licht in der dunklen Nacht?" Die anderen Sterne blinkten ihm zu: „Du hast Recht! Der Mund und wir Sterne schicken das schönste Licht auf die Erde. Wie lächerlich nimmt sich dagegen das gelbe Geflacker da unten aus!"

Der kleine gelbe Lichtklecks, der aus dem Fenster in den Schnee fiel, kam von einer Kerze. Es war eine schöne, rote Kerze, die Leni von ihrem ersparten Geld gekauft hatte. Sie hatte sie angezündet und ins Fenster gestellt, damit ihre Katze Murli endlich nach Hause finden sollte. Murli war schon viele Stunden unterwegs, und Leni fürchtete, dass sie sich im Wald verlaufen habe. Das kleine Licht im Fenster sollte ihr sagen, wo sie daheim war und dass man hier auf sie wartete. Auch dass die gefüllte Futterschüssel bereitstand.

Doch die Katze Murli brauchte die Mahnung mit dem Licht im Fenster gar nicht, sie fand auch allein zu dem kleinen Haus am Waldrand zurück.

Die Sterne am Abendhimmel aber schämten sich ihrer hochmütigen Bemerkung. Wahrscheinlich machte das die Nähe der göttlichen Weisheit, die sie erkennen ließ, dass so ein kleines Licht auf der Erde, auch wenn es nur schwach leuchtete, etwas sehr Tröstliches sein kann. Das fand auch der Mond, er meinte:

„Vielleicht bedeutet dieses kleine Licht mit seinem Schein für die Menschen manchesmal mehr als unser silbernes Strahlen, das von so weit herkommt!"

Der Mond war sehr alt und sehr klug, und die Sterne hörten auf ihn. Der Abendstern, der der Größte war, nickte. Er sagte zu seinen Sterngeschwistern: „Es ist wahr, wir sollten nicht so verächtlich über das schwache Licht der Kerzen denken. Für die Menschen ist es durch seine Nähe und seinen

warmen Schein wichtig. Es gibt ihnen Hoffnung und Geborgenheit in der dunklen Zeit."

Da beschlossen die Sterne, eine Botschaft auf die Erde zu blinken. Es war eine Botschaft an alle Kerzen, die gerade brannten, und sie lautete:

„Wir grüßen euch, kleine Schwestern da unten! Tröstet mit eurem Licht die Traurigen, gebt den Mutlosen Hoffnung und leuchtet allen, die einen hellen Schein in der Dunkelheit brauchen!"

Die Kerzen auf der Erde flackerten vor Freude hell auf, dann riefen sie den himmlischen Brüdern und Schwestern zu:

„Dank für eure Botschaft. Wir sind stolz darauf und wollen unsere Aufgabe auf der Erde bis zum kleinsten Kerzenstumpf erfüllen!"

Seht ihr, meine Lieben, deshalb – so meine ich – glitzern Sterne und Kerzen stets gemeinsam auf unseren Christbäumen, und wir stellen eine Kerze vor die Krippe, über der der Stern von Bethlehem leuchtet.

Die goldenen Schuhe der Muttergottes

Da lebte einmal vor langer Zeit ein alter Spielmann. Der zog jahrein und jahraus mit seiner Geige durch das Land. Wo er freundliche Leute fand, die ihm zuhörten und ihn mit einer kleinen Gabe belohnten, sang und fiedelte er seine Lieder. So verdiente er sich schlecht und recht seinen Unterhalt. Damit war er zufrieden.

Einmal – es war schon in der Adventzeit – kam er an einer Kapelle vorbei, in der eine Statue der Muttergottes stand. Weit und breit war kein Mensch zu sehen, da dachte der alte Spielmann: Wenn ich alle Tage für die Leute aufspiele, so will ich doch einmal nur für die Liebe Frau spielen. Zu Ehren der Muttergottes – ein besonders schönes Lied!

Er tritt also in die Kapelle, lässt den Fiedelbogen über die Saiten streichen und singt voll Andacht, so gut er nur kann.

Auf einmal fällt vom rechten Fuß der Statue der kleine goldene Pantoffel herunter, dem Spielmann gerade vor die Füße. Der bückt sich, hebt den Schuh auf und denkt in seiner Einfalt: Der soll wohl mein Lohn sein?

Er dankt der Muttergottes und steckt den winzigen Pantoffel ein. Man muss auch mit der kleinsten Gabe zufrieden sein, meint er, denn dass er soeben etwas Kostbares aus Gold in die Tasche gesteckt hat, dieser Gedanke ist ihm nicht gekommen.

Er geht also weiter, und beim nächsten Bauernhof fragt er, ob man ihm den Schuh nicht gegen etwas Essbares, ein wenig Wegzehrung, eintauschen könne. Der Bauer schaut den kleinen Pantoffel an und schüttelt den Kopf. Dieser Handel gefällt ihm nicht, am Ende ist das Ding gestohlen, wer weiß? Da will er lieber die Finger davon lassen.

Aber dass es ein feines Zeug ist, aus dem der Pantoffel gemacht ist, das hat der Bauer schon erkannt. Deshalb hat er dem Alten geraten, in die Stadt zum Schuster zu gehen und diesem den Schuh anzubieten.

So wandert der alte Spielmann in die Stadt, spielt und singt auch hier den ganzen Tag lang und bietet am Abend den Schuh der Muttergottes dem Schustermeister an.

Dem kommt die Sache auch bedenklich vor. Er meint: „Das Schühchen kann ich nicht verarbeiten, es ist nicht aus Leder. Aber geh doch zum Goldschmied damit, vielleicht hat er Verwendung dafür."

Gut, der Alte wandert zum Goldschmied, singt und spielt auch dort sein Lied und bietet dann dem Meister den kleinen Schuh an. Der prüft ihn, dreht ihn hin und her, nickt und meint, den könne er ihm abkaufen, zuvor aber müsse die Sache vor dem Stadtrichter geklärt werden.

Der Stadtrichter fragt den Spielmann gleich ganz streng: „Wo hast du den Schuh gestohlen? Heraus mit der Sprache!"

Der Alte ist zu Tode erschrocken. Wie hätte er auch ahnen können, dass der Schuh so ein kostbares Ding ist? Verzweifelt ruft er: „Unser lieber Herrgott im Himmel und die Gottesmutter wissen, dass ich ihn nicht gestohlen habe!"

Und er erzählt, wie es sich zugetragen hat, wie der kleine Pantoffel der Statue ihm vor die Füße gesprungen ist in der Kapelle.

„Das Lügenmärchen soll ich dir glauben?", sagt der Stadtrichter und befiehlt, den Spielmann ins Gefängnis zu sperren. Doch der Alte bittet und bettelt, man möge ihn doch noch einmal zur Kapelle gehen lassen, denn er sei überzeugt, dass die Gottesmutter ihm helfen wird.

Der Richter hat Mitleid mit ihm, und so gehen sie alle mit dem Spielmann hinaus zur Kapelle. Doch es glaubt keiner daran, dass sich dadurch seine Unschuld herausstellen wird.

Vor der Statue der Muttergottes kniete der Alte zuerst nieder, sprach ein kurzes Gebet und fing dann an, recht innig zu spielen und zu singen. Seine schönsten Lieder spielte er für die Liebe Frau, und er ließ sich durch nichts beirren.

Endlich mahnte der Richter, der schon ungeduldig geworden war, zum Aufbruch. Der Landjäger trat vor, um den Spielmann

ins Verlies zu führen, da sprang plötzlich – vor aller Augen – der zweite goldene Schuh vom Fuß der Gottesmutter und geradewegs vor den Alten hin. Der hob ihn auf und wies ihn dem Richter vor. Das Paar war beisammen, alle konnten es sehen.

Die Umstehenden mussten nun erkennen, dass alles seine Richtigkeit hatte, dass es kein Lügenmärchen gewesen war, sondern tatsächlich eine Gabe der Muttergottes.

Großes Staunen rundum. Das wunderbare Geschehen ging von Mund zu Mund. Der arme Spielmann konnte ungehindert seines Weges ziehen. Ja, man machte ihm ehrfürchtig Platz, der strenge Stadtrichter schüttelte ihm die Hand und wünschte ihm weiterhin alles Gute auf den Weg.

Der Spielmann aber ging mit dem Paar goldener Schuhe wieder zum Goldschmied, der es ihm nun bereitwillig abkaufte. So viel Geld hatte der arme Alte sein Leben lang nicht in der Hand gehabt. Er konnte jetzt sein mühsames Wanderleben aufgeben und sich in einem hübschen kleinen Haus am Stadtrand zur Ruhe setzen.

Da es nun schon auf Weihnachten zuging, mag er wohl diesmal ein schönes, frohes Fest gehabt haben, unser alter Spielmann.

Das Christkind aus Palma

Miguel lebte seit 16 Jahren in einem Land, das nicht seine Heimat war. In der großen, grauen Stadt im Norden träumte er immer wieder von daheim. Dort, auf der Insel, war es warm, die Sonne schien vom blauen Himmel, das Meer brandete an die Küste, Palmen wiegten sich im Wind, und die Orangengärten zogen sich weit übers Land. Seit 16 Jahren war er nicht mehr dort gewesen. Er hatte keine Verwandten, die Eltern waren gestorben, nur eine alte Tante, die er kaum kannte, lebte noch auf der Insel.

Miguel, der sparsam und fleißig war, arbeitete in der fremden Stadt. Er hatte geheiratet und einen Sohn bekommen, der so hieß wie er. Doch der kleine Miguel wurde hier Michi genannt, und spanisch konnte er auch nur ein paar Worte, die ihm der Vater vorsagte.

Michi aber hörte stets begeistert zu, wenn ihm der Vater von seiner Heimat erzählte. Aus diesen Erzählungen kannte er das Meer mit dem weißen Strand und den sonderbar geformten Felsen, die hohen Palmen, die Orangengärten und die fast tausendjährigen Olivenbäume. Und er kannte Palma, die große, leuchtende Stadt mit ihrer gewaltigen Kirche hoch über dem Hafen. Davon konnte er nie genug hören, es war eine Art „Wunderland" für ihn.

„Können wir nicht dorthin fahren, Papa?", fragte er einmal. „Vielleicht, später einmal", sagte der Vater.

Die Mutter seufzte, denn sie wusste, wie sehr ihr Mann darunter litt, dass er seine alte Heimat nicht besuchen konnte. Dafür gab es zu wenig Geld im Hause.

Zu Weihnachten wollte Michi immer wieder von der Krippe mit den vielen Figuren in der Kathedrale von Palma hören. Und Vater Miguel berichtete: „Das Christkind dort in der Krippe hat einen goldenen Strahlenkranz um den Kopf, und es lächelt so, dass einem warm wird ums

Herz, wenn man es ansieht." Er nickte versonnen: „Weißt du, es ist ein besonderes Christkind, eben das Christkind von Palma!"

In der Nacht träumte Michi, er stünde in der hohen Kirche von Palma vor der Krippe und das wunderschöne Christkind lächelte ihm zu. Es winkte sogar mit der kleinen Hand. Da rief der Bub: „Ich möchte dich so gerne besuchen!"

Doch dann wachte er auf, und er wusste nicht einmal, ob ihn das Christkind überhaupt gehört hatte. Palma war ja so weit!

Endlich rückt das Weihnachtsfest näher. Zwei Kerzen brennen am Adventkranz. Da kommt ein Brief mit vielen bunten Marken drauf. Die Mutter dreht ihn in der Hand und sagt schließlich: „Der ist für den Vater, und er kommt aus Mallorca, von der Insel."

„Vom Christkind aus Palma?", ruft Michi aufgeregt. „Nein, von einer Kanzlei. Wer weiß, was die von uns wollen."

Als der Vater nach Hause kommt, springt der Bub ihm entgegen: „Papa, ein Brief aus

Palma! Vielleicht hat das Christkind geschrieben!"

Vater Miguel öffnet den Umschlag, liest den Brief. Schüttelt den Kopf, liest noch einmal. Es dauert eine ganze Weile. Michi wird ungeduldig: „Was schreibt das Christkind? Sag schon!" Die Mutter schaut fragend herüber. „Ist es etwas Unangenehmes?"

Miguel schüttelt wieder den Kopf, dann sagt er langsam: „Ich habe ein Haus geerbt von der alten Tante, die gestorben ist. Ich habe sie ja kaum gekannt ... Der Rechtsanwalt schreibt, dass es ein großes Haus ist mit einem Orangengarten und Olivenbäumen, und wir sollen bald kommen, um die Erbschaft anzutreten."

Er schaut die Mutter an, und die steht wie erstarrt.

„Mein Gott, gibt's denn so etwas", sagt er dann leise, „jetzt werden wir alle zusammen nach Palma fliegen!"

Auf einmal strahlt das Gesicht des Vaters wie schon lange nicht. Die Mutter fällt ihm um den Hals. „Weine doch nicht, Mama", ruft Michi, der um die beiden herumhüpft wie ein Zicklein. „Das war das Christkind aus Palma! Das Christkind aus Palma!“

Und eigentlich hatte er ja recht, der kleine Michi, denn warum soll das Christkind nicht auch einmal einen Rechtsanwalt beauftragen, in seinem Namen wichtige Dinge zu erledigen?

Das Kripperl

Das Kripperl steht im Watteschnee.
Vom Baum herüber lugt das Reh.
Ochs und Esel in dem Stall
benehmen sich wie überall –
Sie kauen voll Genuss ihr Heu
und stehen ruhig in Stroh und Streu.

Sankt Josef, bärtig, mit dem Licht
schaut hilflos drein, mehr sieht man
nicht.
Maria kniet im grünen Moos,
vor ihr das Kind, so arm und bloß.

Wie soll es einst ein König werden
über Himmel und auch Erden?
Wie soll es leiden stumm und groß –
und lächelt doch auf Mutters Schoß?
Geheimnisvoll ist diese Nacht,
die uns das Licht der Welt gebracht.

Horch! Auf dem Dach das
Flügelschlagen
kommt nicht von Tauben – Engel
fragen

und jubeln laut in ihrer Freud':
„Geboren ist der Heiland heut,
freut euch alle, Er ist da –
halle – halle – hallelujah!"

Das krumme Öchslein

Am Rande der Stadt Bethlehem betreute der Hirte Jakob seine Herde. Nun war da ein Öchslein dabei, das hatte kurze, krumme Beine und einen krummen Rücken. Weil es zu schwach war, um den Pflug zu ziehen oder Lasten zu tragen, mochte es keiner.

Auch Jakob jagte es oft von saftigen Grasbüscheln weg und rief: „Ho, geh weiter du! Mach Platz für die anderen!"

Da musste das arme Öchslein jenen Platz machen, die stark und gesund waren. Die anderen Tiere, die Schafe, Ziegen, Kühe und Esel, trieben noch ihren Spaß mit ihm und schoben und bedrängten das Öchslein von allen Seiten.

Besonders arg trieb es eine weiße Ziege. Sie senkte die Hörner und rannte auf das Öchslein los, dass es vor Schreck bis an den Rand der Weide lief, wo es nur mehr

Steine und Sand und keine Gräser mehr gab.

Könnt ihr euch vorstellen, wie da das krumme Öchslein zum Gespött wurde, weil es vor einer Ziege davongelaufen war?

Es gab in der Herde aber auch einen Esel mit langen, weichen Fellohren und klugen Brillenaugen, und der war anders. Ihm tat das Öchslein Leid, und er wollte es gegen den Spott der anderen beschützen. So stampfte er mit den Hufen auf und schrie ganz laut, wenn einer dem armen, krummen Ochsen zu nahe kam. Auf diese Weise wurden sie Freunde.

Eines Tages vertraute das krumme Öchslein dem Esel an, es habe in der Nacht eine feine Stimme gehört, die ihm etwas eindringlich sagen wollte. „Ich habe es nicht recht verstanden", muhte das Öchslein und sah ratlos drein. „Ich glaube, die fremde Stimme will, dass ich jemandem etwas Gutes tun soll. Aber wem soll ich denn nun etwas Gutes tun?"

„Vielleicht einem Menschen", meinte

der kluge Brillenesel. „Fang doch gleich bei Jakob, dem Hirten, an. Schau nur, wie ihn die Fliegen beim Schlafen plagen!"

Der Hirte lag unter einem Baum und schlief. Da ging das Öchslein zu ihm hin und blies ihm seinen Atem ins Gesicht. Damit wollte es die lästigen Fliegen vertreiben, denn das ist eine große Wohltat für ein Tier, müsst ihr wissen.

Aber der Hirte Jakob erschrak über das Schnauben an seinem Ohr, er sprang auf und schrie und schimpfte. Ja, er schlug sogar auf das arme Öchslein ein, das es ja nur gut gemeint hatte mit ihm.

Der kleine, krumme Ochse war zunächst so erschrocken, dass er sich unter den harten Schlägen duckte, ohne davonzulaufen. Doch sein Freund, der Brillenesel, war schon zur Stelle. Er schob den Erschrockenen zur Seite und rief ihm zu, ihm zu folgen.

So jagten sie quer über die Weide bis hin zu dem Stall des Esels, in dem sie sich verbargen. Hier waren sie in Sicherheit.

Der Besitzer des Esels war ein guter Herr. Als er von dem Hirten gehört hatte, dass der Esel zurück in seinen Stall gerannt war, ging er gleich nachsehen und fand dort die beiden Ausreißer.

Friedlich standen sie nebeneinander, der graue Brillenesel und das fremde, krumme Öchslein.

Die Freundschaft der beiden ungleichen Tiere rührte das Herz des Mannes, und so kaufte er für wenig Geld das krumme Öchslein.

Nun wurde es genauso gut behandelt wie der Esel, bekam zu fressen und freundliche Worte.

Da war das krumme Öchslein zum ersten Male in seinem Leben so richtig froh und freute sich über jeden neuen Tag, den es mit seinem Freund, dem klugen Brillenesel, verbringen konnte.

So ähnlich, glaube ich, muss es sich damals zugetragen haben vor 2000 Jahren mit Ochs und Esel am Rande der Stadt Bethlehem. Und so ist es auch zu verstehen, dass es gerade diese beiden waren, unter allen

Tieren der Erde, die in ihrem Stall das neugeborene Christkind mit ihrem Atem wärmen durften.

Eselein Hängeohr

Auf einer Weide, ganz in der Nähe des Dorfes Bethlehem, grasten ein paar Schafe mit ihren Lämmern. Es waren auch Ziegen, eine Kuh und ein Ochse dabei.

Der Hirtenknabe Mathias bewachte sie und sorgte dafür, dass sie immer einen Platz mit frischen Gräsern fanden.

Da kam ein Mann mit einem Esel vorbei, der rief dem Jungen zu:

„He, Mathias – he, komm her!
Hast auf der Weid' ein Plätzchen leer?
Der Graue taugt mir nicht mehr recht,
er sieht schon schlecht und hört auch schlecht.
Bei Tag, da schläft er, bei Nacht ist er wach,
und zum Lastentragen ist er auch zu schwach."

Abwehrend schüttelt der Hirtenjunge den Kopf.

„Was soll ich denn mit dem anfangen?
Das Futter will kaum für die anderen langen,
zehn Schafe, vier Ziegen, der Ochs und die Kuh –
und jetzt noch der ruppige Esel dazu!"

Da hob der kleine Esel den Kopf und sah den Jungen mit so traurigen Augen an, dass dem ganz eigen ums Herz wurde. Mathias kraulte ihn zwischen den Ohren und brummte:

„Nun gut, der Esel bleibt hier.
Wie heißt es denn, das arme Tier?"

Der Mann war froh, den Esel loszuwerden, bedankte sich und sagte:

„Ach, der kam mir immer so traurig vor,
so nannt' ich ihn einfach ‚Hängeohr'.
Aber am besten versteht der Gute
die tüchtig geschwungene Haselrute!"

Das Eselchen zuckte zusammen, es

schien alles verstanden zu haben. Mathias aber nahm den Strick und führte den Grauen auf seine Weide.

Als es Abend wurde, spielte der Hirtenjunge auf seiner Flöte, die er geschnitzt hatte.

Da sammelten sich alle Tiere beim Weidetor, denn sie wussten: Jetzt geht es heim in den Stall.

Nur der kleine Esel stand abseits und hielt den Kopf gesenkt.

Wer sollte ihn schon heim in den Stall holen?

Mathias steckte die Flöte ein, nahm den Hirtenstab zur Hand und rief:

„Hü! Meck und Bleck und Ochs und Kuh.
Der Mond macht schon den Himmel zu.
Im Futtertrog ist Salz und Heu
und Haferstroh als Bodenstreu.
Es schläft der Hund,
es schläft die Katz,
die Nacht braucht einen großen Platz!“

Die Tiere drängten zum Gitter, nur Hängeohr stand traurig da und sah ihnen nach.

L.R.

Mathias drehte sich nach ihm um, der kleine Esel tat ihm leid, aber er musste eben allein auf der Weide bleiben.

In seiner Verlassenheit fing Hängeohr an zu schreien. Sein „Iah" klang klagend und laut, doch anders konnte nun einmal ein Esel sein Leid nicht ausdrücken.

Da stand plötzlich eine hohe, lichte Gestalt vor ihm. Wie erschrak da der kleine Esel! Doch die lichte Gestalt sprach zu ihm:

„Ich brauche für das Jesuskind, für
seine kalte Krippennacht,
ein Eselchen, das wärmt und wacht ..."

Hängeohr staunte die hohe Gestalt an, dann schüttelte er den struppigen Kopf:

„Ich tauge nicht fürs Tragen,
auch nicht für den Wagen.
Ich tauge nicht fürs Jesuskind,
mein Fell ist rau, das Aug' fast blind."

Da lächelte der Engel:

Du, Hängeohr, es kann gescheh'n,
dass deine Augen wieder seh'n ...."

Er berührte mit der lichten Hand den Kopf des Esels. Hängeohr schrie plötzlich auf:

„Iah! Ich sehe auf einmal die Sterne!
Iah! Ich diene dem Kindlein so gerne.
Will ihm die lästigen Fliegen wegjagen,
will es auf meinem Rücken tragen …"

Wieder lächelte der Engel.

Er legte den Finger an den Mund und sagte leise:

„Gut, Eselein, so soll es sein.
Nur darfst du nicht allzu laut ‚iah'
schrei'n!
Von nun an soll niemand mehr ‚Hängeohr'
sagen,
sollst einen besseren Namen tragen:
‚Krippenesel' wird man dich nennen,
und alle Leute werden dich kennen!"

Der Engel ergriff den Halfter des Esels und führte den kleinen Grauen über die Hügel hinüber zu einem verlassenen Stall. Es war der Stall, in dem kurze Zeit später das Jesuskind, auf Stroh und Heu gebettet, in der Krippe lag.

Die Splitter des Teufelsspiegels

Es war vor langer, langer Zeit. Der Teufel hatte sich überlegt, wie er die Menschen verderben könne. Schließlich hatte er einen Spiegel gebastelt, einen Spiegel des Bösen, und darüber freute er sich.

Als der Teufel nun sein fertiges Werk in den Händen hielt, um es genau zu betrachten, entglitt der glatte Spiegel seinen Krallen. Er fiel hart auf den Erdboden auf, und das Spiegelglas zerbrach in viele kleine Splitter. Vor Ärger brüllte der Teufel auf, und da kam ein Wirbelsturm durch die Luft. Der hob die kleinen Splitter auf und trug sie mit sich fort über die ganze Welt.

Diese Splitter vom Teufelsspiegel wurden vielen Menschen in die Augen geweht. Sie waren so winzig, dass die Betroffenen sie kaum anders spürten als ein Sandkorn und sich die Augen rieben, um es zu entfernen.

Doch die Splitter ließen sich nicht mehr entfernen, und sie hatten eine seltsame Wirkung: Von dem Augenblick an sahen die Menschen, die sie im Auge hatten, nur mehr das Böse, das Hässliche, das Unschöne in den anderen Leuten, denen sie begegneten. Sie sahen deren Neid, sie sahen die Bosheit, die Gier, den Hass, und so wurden sie selber von Hass und Bosheit erfüllt. Daran konnte der Teufel wahrhaftig seine Freude haben.

Der „Spiegel des Bösen" hieß nun zu Recht so.

Nun war aber ein Teil des Spiegels, eine größere Spiegelscherbe, nicht zersplittert. Sie war auf dem Boden zurückgeblieben und glänzte in der Sonne.

Eine Elster fand das glitzernde Ding, und weil es ihr gefiel – Elstern mögen glitzernde Sachen, das ist ja bekannt –, flog sie darauf zu, nahm den Scherben mit dem Schnabel auf und flog weiter. Wahrscheinlich wollte sie ihn in ihr Nest tragen.

Gerade um diese Zeit aber hatte sich auf der Welt etwas Wunderbares zugetragen. Das Jesuskind war in einem Stall bei Bethlehem geboren worden. Hirten und Bauersleute, Alt und Jung aus der ganzen Umgebung, alle strömten herbei, um es anzubeten. Sie brachten dem Kind und seiner Mutter kleine Gaben, damit wollten sie zeigen, wie froh sie über die Geburt des Heilands waren. Ein großer, heller Stern am Himmel führte drei weise Könige durch die Wüste, und auch sie brachten ihre Gaben dar: Gold, Weihrauch und das kostbare Gewürz Myrrhe.

Da mochten die Tiere, die von diesem Ereignis gehört hatten, nicht nachstehen. Jedes brachte zur Krippe, was es gerade hatte und was ihm schön dünkte.

Die Elster, die doch soeben den glänzenden Spiegelscherben gefunden hatte, flog damit auch nach Bethlehem und ließ diesen als ihre Gabe in den Schoß der Mutter Maria fallen.

Verwundert griff Maria danach, um das glitzernde Ding zu betrachten, da entglitt

es ihren Fingern und fiel zu Boden. Auf dem felsigen Grund zersprang der Scherben zu winzigen Splittern, die der Wind verwehte.

Diese Splitter aber drangen den Menschen, die sie trafen, nicht in die Augen, sondern in die Herzen. Keiner merkte es, so winzig waren die Teilchen, aber sie bewirkten ebenfalls eine unglaubliche Veränderung des Menschen, in dessen Herz sie gedrungen waren. Nur war die Veränderung ganz anderer Art. Da die Gottesmutter dieses Stück Spiegelglas ja in ihren Händen gehalten hatte, waren die Eigenschaften des Teufelsspiegels verschwunden. Die Splitter erfüllten die Menschen, die sie trugen, mit Güte und Liebe zu ihren Nächsten. Sie wurden liebevoll, hilfreich und verständnisvoll für die Nöte der anderen. Und der Teufel konnte daran nichts ändern, so sehr ihn das auch ärgerte.

Genau wie die Splitter des Bösen, die in den Augen vieler Menschen stecken, so können wir auch heute Menschen begegnen, die jene anderen Splitter, die der Gottesmutter, im Herzen tragen. Es ist gar nicht schwer, sie zu erkennen!

„Und weil wir heute schon so knapp vor dem Weihnachtsfest sind", fing die Großmutter an, „habe ich mir für diesen Nachmittag etwas Besonderes ausgedacht. Wir bauen eine Krippe!" Sie schaute in die verwunderten Gesichter ringsum.

Aber dazu brauchen wir doch Material: Holz, Ton oder Knetmasse", rief Felix.

„Und viel Zeit brauchen wir auch dazu", ergänzte Marlis.

„Wir haben einmal in der Schule eine Krippe gebaut, da haben wir viele Stunden Arbeit gehabt!"

Man kann Krippenfiguren ja auch aus Papier ausschneiden", schlug Tommy vor. Und seine Zwillingsschwester Ricky meinte: „Hast du vielleicht einen Ausschneidebogen, Großmutter?"

„Nein, den habe ich nicht", lächelte die Großmutter verschmitzt. „Ich habe ja auch nicht an eine Krippen-Werkstatt gedacht, ich meine etwas ganz anderes ..."

„Was denn? Ohne Material? Das geht doch nicht!" Der lange Paul schüttelte den Kopf.

„O doch, es geht! Jeder von uns hat das, was wir zum Bau unserer Weihnachtskrippe brauchen, bei sich!"

Die Kinder schauten ungläubig drein. Wie meinte die Großmutter das denn?

Die aber sah sehr fröhlich drein und rief: „Eure Stimmen meine ich. Jeder von euch kann sprechen, singen, flüstern, schreien – auch grunzen, miauen oder bellen. Stimmt's?"

Alle nickten. Der dicke Friedel grinste und begann gleich zu meckern. Doch sie wussten immer noch nicht, worauf die Großmutter hinauswollte. Die erklärte es ihnen:

„Ich meine, wir bauen jetzt eine Krippe aus Worten, mit unseren Stimmen. Ihr werdet gleich sehen, wie gut das geht! Die Worte, die wir ja sicher nicht so leicht finden würden, die sind allerdings aufgeschrieben. Wir brauchen sie nur zu lesen und den richtigen Ausdruck hineinzulegen. Aber das werdet ihr bestimmt können. Ihr müsst euch nur vorstellen, wie froh und glücklich ihr am Weihnachtsabend seid, wenn das

Jesuskind in der Krippe unter eurem Christbaum liegt. Dann werdet ihr die Strophen, aus denen wir unsere Krippe erbauen, ganz bestimmt mit dem richtigen Ausdruck lesen."

Die Großmutter schlug das Buch auf und verteilte die Absätze, die jeder zu sprechen hatte.

Die Kinder steckten die Köpfe zusammen, denn jedes wollte sich seinen Absatz zuerst einmal durchlesen.

Die Großmutter schenkte ihren Gästen rasch noch etwas zu trinken ein. „Damit ihr gut bei Stimme seid!“, lachte sie, und dann konnte es schon losgehen.

Die Einleitung las sie selber.

Die zweite Strophe übernahm Onkel Georg mit dem Schnurrbart, der dann auch zum Schluss die Worte des hl. Josef sprach. Der dicke Friedel aber durfte muhen und i-aa-schreien und meckern, was er ja vortrefflich konnte.

Und dann ging es ans Krippenbauen …

Wir bauen eine Krippe

Heute, am Weihnachtsabend, wollen wir zusammen eine Krippe bauen. Alle, die Kleinen und die Großen, denn das Christkind ist für alle auf die Welt gekommen.

Als Erstes bauen wir einen Stall
aus unsrer Armheit Streu und Stroh.
Die Landschaft, die heißt Überall,
denn überall baut Armut so.

Ich bring den Futtertrog herbei,
der ist aus einem harten Holz.
Hat niemand eine Wiege frei,
hart ist der Menschen Neid und Stolz.

Und ich hab da die Stalllatern',
wir brauchen Licht, weil's finster ist.
Doch glaub ich, bald geh'n auf die Stern
und leuchten uns zum Herren Christ.

Und links vom Stall, am Hügel steht
ein Dorf, heißt Gotterbarm,
dorthin ein steinig' Flußpfad geht,
die Leute sind da arm.

Ganz rechts vom Stall ein schmaler Pfad
führt um die ganze Erd',
führt bis ans End', nach Gottesgnad',
und ist des Wanderns wert.

Da bring ich euch, so will's der Brauch,
ein stattlich hölzern Öchselein,
und zweitens einen Esel auch,
die stell ich in den Stall hinein.

Das Öchslein, das ich mitgebracht,
heißt einfach Heideldeideldum,
und wenn es träumt in dieser Nacht,
dann brummt es leis', sonst ist es stumm.

Das Eselein heißt Vielgeduld
und sieht nicht eben weise drein.
Das ist gewiss nicht seine Schuld,
so wird der Herr ihm gnädig sein.

Jetzt bring ich noch das Jokerle,
das ist der Hirt aus Gotterbarm.
Der hat ein grünes Rockerle,

das schenkt er dem Herrgotterle.
Er meint, es wär recht warm.

Wie kommen denn nur die daher,
ein sonderbar Geleit zu viert?
Die sehen aus nach weit vom Meer,
nach sehr, sehr weit – von Weißwoher.
Einer ist schwarz lackiert.

Der Älteste mag Kaspar sein,
der Jüngste Balthasar,
und Melchior voll Edelstein,
der sieht besonders würdig drein
auf seinem Dromedar!

Da ruft ein' Stimm': „Herbei! Herbei!
Ein Kindel hat's gebracht!"
Und einer spielt auf der Schalmei,
ein andrer bringt den Hirsebrei,
da hat Herr Josef g'lacht:

„Ihr weckt mir ja das Kindelein
mit eurer hellen Freud'!"
Da singen's Halleluja fein –

Maria schaut ganz ängstlich drein
vor lauter Lärm und Leut'.

Da aber hat das Kind gelacht,
und Frau Marie ist froh,
weil's ihm so große Freude macht,
wie alle feiern diese Nacht
in dulci jubilo!

Ehre sey Gott in der Höhe
Friede auf Erden.

„In dulci jubilo – das heißt übersetzt – in süßem Jubel. Man könnte auch sagen – in großer Freude. Und in große Vorfreude hat uns jetzt bestimmt unsere selbsterbaute Krippe versetzt", sagte die Großmutter.

„Ich glaube, ihr werdet daran denken, wenn ihr unter dem Christbaum steht."

Und damit entließ sie ihre jungen Gäste.

Kling Klang Kloria!

Zur Weihnacht

Es kniet Maria vor dem Kind,
Herr Josef steht im Tor
und beide schützend vor dem Wind,
hält er den Mantel vor.

Wir treten bei dem Christkind ein,
um unsern Wunsch zu sagen:
Beschütz uns alle, groß und klein
und lass uns recht zufrieden sein
in diesen Weihnachtstagen.

Der Weihnachtsbaum

„Von den heiligen drei Königen, oder den ‚Drei Weisen', die dem Stern gefolgt und nach Bethlehem gekommen sind, gibt es viele Geschichten. Bestimmt habt ihr schon die eine oder die andere gehört", fing die Großmutter an und blickte in die Runde. Heute saßen sie eng wie die Spatzen nebeneinander, denn draußen blies ein eiskalter Wind und der hatte sogar die Eisläufer ins Haus getrieben.

„Ich weiß ein Gedicht über die Heiligen Drei Könige", rief Hansi begeistert. Und weil die Großmutter ihm aufmunternd zunickte, gab er es gleich zum Besten:

„Die Heilig' Drei König, die zieh'n durch
das Land.
Sie kommen von Indien und Samarkand,
und einer kommt gar übers Rote Meer.
Ihr könnt mir glauben, das ist von weit
her!

Doch Kaspar führt die prächtige Schar
hinterm Stern her, wie es geweissagt war.
Und als sie endlich in Bethlehem sind,
da finden sie in der Krippe das Kind.

Sie stehen und staunen und beten es an,
so innig, wie man nur beten kann.
Andächtig sieht man die kleine Schar:
Kaspar, Melchior und Balthasar.

„Das hast du dir sehr gut gemerkt", lobte die Großmutter. „Und das war auch ein passender Anfang für meine neue Geschichte von den drei weisen Königen. Es ist manches darin, über das wir uns Gedanken machen sollten. Von jeder Geschichte, die man liest oder hört, bleibt doch etwas – und sei es nur eine Kleinigkeit – im Kopf hängen. Das kann etwas Lustiges oder etwas Trauriges sein oder auch eine Frage, die uns beschäftigt. Und das ist gut so, denn nichts ist schlimmer als mit einem ‚leeren Kopf' durchs Leben zu laufen. Habe ich nicht Recht?"

Die Großmutter schaute in die Runde und streichelte dann der Katze Minka, die schnurrend in ihrem Schoß lag, über den Kopf.

„Ich bin einverstanden", nickte Onkel Georg, „eine Geschichte zum Nachdenken

F. OBERMANN

ist genau das Richtige um ein Erzähl-Jahr abzuschließen!"

„... ohne leeren Kopf!", ergänzte der dicke Friedel, der ja immer das letzte Wort haben musste.

Aber diesmal hatte er wirklich Recht.

Und so begann die Großmutter mit der letzten Geschichte.

Der Traum des weisen Königs

Als die drei Weisen dem Stern folgten, um das göttliche Kind zu finden, kamen sie auf ihrer Reise in ein ödes Land. Da gab es keine Wiesen, keine Bäume, keine Farben. Es gab nur Steine, Sand und Staub. Alles war grau. Auch der Himmel. In dieser öden Wildnis, wo man nur selten eine Wasserstelle fand, lebten wenige Menschen. Sie waren sehr arm, ein paar Schafe und Ziegen waren ihr einziger Besitz.

Der Ritt durch dieses traurige Land bedrückte die Reisenden. Am liebsten wären sie umgekehrt und hätten das ganze Unternehmen aufgegeben. Doch da war der helle Stern am Himmel, und da war die Stimme, die immer wieder mahnte, dem Stern zu folgen. Sie zogen also weiter, so schwer es ihnen auch fiel. Einmal, so hofften sie, musste doch dieser öde staubige Landstrich zu Ende sein! Einmal würden

sie wieder in eine angenehmere Gegend kommen ...

Am Abend hielten sie erschöpft Rast an einer Wasserstelle. Sie aßen von ihrem Proviant, und die Diener breiteten Decken auf dem staubigen Boden aus. Die drei Könige sollten sich von den Strapazen des langen Ritts erholen und schlafen.

Doch Caspar, dem ältesten der drei Weisen, wollte das nicht gelingen. Ruhelos wälzte er sich auf seinem Lager, er konnte keinen Schlaf finden. Immer wieder plagten ihn Zweifel und Fragen, die er nicht beantworten konnte.

War es nicht unsinnig, hinter einem Stern herzuziehen, auch wenn er noch so hell leuchtete? Warum hatten sie sich auf dieses Wagnis eingelassen? Warum hatten sie ihre schönen, blühenden Länder verlassen und einer unbekannten Stimme vertraut, die ihnen den neugeborenen Messias verhieß?

Es waren Zweifel und Fragen, die er nicht beantworten konnte. Sie bereiteten ihm nur Kopfschmerzen und hinderten ihn am Einschlafen.

König Caspar seufzte und nahm seinen goldenen Reif ab mit dem seine Kopfbedeckung befestigt war. Er legte ihn neben sich. Doch die Beengung, die Schmerzen, blieben. Wieder seufzte er und versuchte, sich eine angenehmere Lage zu verschaffen. Da hörte er plötzlich eine Kinderstimme, die fragte:

„Tut dir etwas weh, alter Mann?"

Ein kleines, schmutziges Mädchen, das eine Ziege am Halsband hielt, stand neben ihm. Glänzende, dunkle Augen sahen ihn mitleidig an.

„Ach weißt du, ich finde keinen Schlaf, und ich möchte doch so gerne schlafen und träumen."

„Träumen ist schön", nickte das Kind, „man vergisst dabei, dass man Hunger hat und Durst. Aber man kann ja nur träumen, wenn man schläft."

„Ja, das ist es eben", seufzte der König, „wenn ich nur einschlafen könnte!"

Das Mädchen in den zerlumpten Kleidern schaute ihn nachdenklich an.

„Meine Großmutter legt mir immer die

Hände auf die Stirn und streicht hin und her. Das hilft. Ich kann dann bald einschlafen. Soll ich das bei dir auch probieren?"

Der König nickte. „Du kannst es ja versuchen, vielleicht hilft es mir auch."

Da ließ das Kind das Halsband der Ziege los und kniete sich neben den alten Mann auf die purpurrote Decke.

Doch es sah zunächst auf die Innenfläche seiner kleinen Hände und schüttelte den Kopf.

„Sie sind so schmutzig. Macht dir das nichts aus?"

Der König lächelte. „Es macht mir nichts. Wir sind auch staubig von dem langen Ritt."

Da legte die Kleine ihre dunkelbraunen Hände auf die weiße Stirn des Königs und begann, sanft hin und her zu streichen. Immer wieder hin und her. Das war angenehm. Der König fühlte, wie die Rastlosigkeit verebbte, wie er ruhig und gelöst wurde. Fragen, Zweifel und Ängste, die ihn quälten, verstummten.

„Das tut gut", murmelte er. „Kannst du

deine Hände noch ein wenig auf meiner Stirne lassen?"

Die Lider wurden ihm schwer, er blinzelte zu dem Kindergesicht hinauf, das sich über ihn neigte.

„Siehst du, es hilft! Ich mache es wie meine Großmutter", sagte die Kleine, und es lag ein wenig Stolz in ihrer Stimme.

„Du musst Flügel haben, denn du bist ein Engel", flüsterte der König.

„Flügel? Ich?" Das kleine Mädchen lachte. „Ich habe keine Flügel, ich habe nur eine Ziege. Engel haben keine Ziegen."

Ihre Stimme klang wie von weit her, von sehr weit. Der alte König war eingeschlafen. Friedlich lag er auf seiner purpurnen Decke, die Spuren der schmutzigen Kinderhände auf der Stirn. Zufrieden betrachtete ihn das Kind, rief seine Ziege und lief mit ihr davon. Dabei dachte es: „Wenn ich wirklich Flügel hätte, könnte ich jetzt fliegen!" Der Gedanke machte ihm Spaß.

Zum ersten Mal nach langer Zeit hatte der König einen Traum. Es war ein seltsamer, klarer Traum. Er sah alles ganz deut-

lich vor sich: Das Ende der Reise, wie der Stern, dem sie gefolgt waren, plötzlich stille stand. Ein weites Feld lag vor ihnen, und der Stern stand über einer Felsengrotte.

Hirten wachten auf dem Feld über ihre Herden, Ochs und Esel standen im Stall, und in der Krippe lag auf Stroh gebettet ein winziges Kind. Ein Leuchten ging von ihm aus und erfüllte den kleinen Raum. Engelstimmen jubelten, und eine große Lichtgestalt verkündete den Hirten die Botschaft.

Alle Fragen und Zweifel, die den weisen König geplagt hatten, waren verschwunden. Nun wusste er, dass der lange Ritt durch die Welt ein Ziel gefunden hatte – *das* Ziel.

Ein Neugeborenes, der Erlöser, auf den man gewartet hatte und den aufzufinden ihnen die mächtige Stimme geboten hatte.

Und dann sah er noch im Traum die Begegnung mit dem König Herodes von Judäa. Er hörte dessen heuchlerische Worte:

„Ziehet hin nach Bethlehem und forscht sorgfältig nach dem Kind. Sobald ihr es gefunden habt, gebt mir Nachricht, dann will auch ich kommen und ihm huldigen."

Doch da war wieder die mächtige Stimme, die ihnen befahl:

„Wenn ihr dem Kind Gold, Weihrauch und Myrrhe dargebracht habt, kehrt nicht mehr bei Herodes ein, sondern ziehet auf dem schnellsten Weg in eure Heimat zurück. Seid wachsam, damit der Menschensohn gerettet werde!"

So träumte der König, und so geschah es auch.

Als die drei Weisen am anderen Morgen aufbrachen, um wieder dem Stern zu folgen, standen die Bewohner der kleinen Siedlung um die Wasserstelle alle da und betrachteten neugierig das prächtige Schauspiel. Auch das zerlumpte Mädchen mit der Ziege stand am Wegrand und winkte ihnen zu. Der alte König nahm seinen goldenen Stirnreifen ab und legte ihn dem Kind in die Hände. Er sagte:

„Ich danke dir für den Schlaf, den du mir geschenkt hast, und für den Traum, der alle meine Zweifel und Fragen gelöst hat!"

Und er beugte sich tief hinunter und flüsterte, so dass nur das Kind ihn hören konnte: „Du hast doch Flügel gehabt, ich weiß es genau. Leb wohl, mein Kind!“

Dann zogen sie davon mit ihrem Gefolge, um dem neugeborenen Kind zu huldigen und um zu erfüllen, was die Stimme im Traum geboten hatte.

3. Buch

Großmutters Geschichten zur Adventszeit

An einem späten Novembertag, als alle ihre jungen Gäste bei der Großmutter versammelt waren, schaute diese in die erwartungsvollen Gesichter und begann:

„Es gibt Menschen, die sind wie ein Licht für andere. Kerzenmenschen könnte man sie nennen. Sie strahlen so viel Wärme und Herzlichkeit aus, dass man sich in ihrer Nähe

wohl fühlt und einfach froh ist, bei ihnen zu sein. Ich will euch jetzt, in der Adventszeit, von so einem hellen Kerzenmenschen erzählen. Es ist eine unscheinbare kleine alte Frau. Ich habe sie gut gekannt. Ihr Name war Flora Blume, aber schon in der Schule nannte man sie nur ‚Blümchen'. Vielleicht, weil sie so klein und fröhlich war. Später, als sie älter wurde, sagten alle in ihrer Umgebung ‚Tante Blümchen' zu ihr. Sie lebte allein, hatte keine Kinder, aber jeder, der Rat und Hilfe brauchte, kam zu ihr. Tante Blümchen half und tröstete und war nie zu müde, anderen beizustehen.

Aber nicht nur Kinder fühlten sich zu ihr hingezogen, auch für Tiere hatte sie eine besonders gute Hand und ein offenes Herz. Kranke, verletzte oder verlaufene Tiere wurden von ihr versorgt. Sie kümmerte sich um sie, genauso wie um kranke Menschen in ihrer Umgebung, die Hilfe brauchten.

Den weißen kleinen Hund ‚Spitz' hatte sie bei sich aufgenommen, als sein Herr, der alte Tischler Lehmann, gestorben war, der schwarze Kater, der ihr zugelaufen war und den sie Jeremias genannt hatte, fand bei Tante Blümchen ebenso freundliche Aufnahme wie die beiden blauen Sittiche Max und Moritz. Sie waren einfach eines Tages da und brauchten ihre Liebe und Fürsorge.

Und von diesem hilfreichen, fröhlichen Menschen, der Tante Blümchen, die man einfach gern haben muss, will ich euch ein paar Geschichten erzählen."

„Werden sie auch lustig sein?", wollte der kleine Felix wissen.

„Ich glaube schon", nickte die Großmutter, „bei Tante Blümchen gab es immer etwas zu lachen! Also hört zu!"

Der Regenschirm

Es regnete. Es regnete in Strömen. Auf der Straße sah man einen Wald von Regenschirmen dahinwandeln, es wollte ja niemand nass werden. Nur die Hunde trugen keine Schirme, aber manche von ihnen hatten kleine Schutzanzüge aus Wasser abstoßendem Material an. Auch Tante Blümchen griff nach ihrem Schirm, als sie am Vormittag ihre Besorgungen machen musste. Lass den Schirm nur nirgends stehen, ermahnte sie sich, denn sie hatte da schon ihre traurigen Erfahrungen. Solange es regnete, war ja die Gefahr, auf ihn zu vergessen, nicht so groß, aber wenn es einmal aufhörte ...? Wer dachte da schon an seinen Schirm, der irgendwo still und dunkel in einer Ecke lehnte?

Doch trotz bester Vorsätze erging es Tante Blümchen wieder einmal so: Als sie von ihren verschiedenen Einkäufen zu Hause angekommen war, merkte sie, dass ihr alter grauer Schirm fehlte. Sie überlegte angestrengt, wo sie ihn denn stehen gelassen haben könnte. Auf der Post? In der Apotheke? Nein, da hatte sie ihn ja noch gehabt. Vielleicht beim Schuster? Beim Bäcker? Im Gemüsegeschäft? Am nächsten Morgen wollte sie gleich nach dem Schirm fragen, überall, wo sie gewesen war, nahm sie sich vor, nachzufragen.

Am nächsten Tag regnete es schon wieder. Tante Blümchen stülpte sich eine Kapuze über den Kopf und trat etwas missmutig in den Regen hinaus. Natürlich hätte sie jetzt ihren Schirm benötigt!

Sie fragte zuerst bei der Gemüsefrau. Aber da war kein Schirm stehen geblieben. Dann fragte sie im Milchladen, auch da schüttelte man nur den Kopf. Beim Bäcker hatte zwar jemand einen Schirm vergessen, aber das war der Schirm mit dem Bambusgriff vom Herrn Schuldirektor. Der war allgemein bekannt.

Bevor nun Tante Blümchen weiter ihre Runde machte – es goss jetzt wie aus Kannen –, beschloss sie, sich einen neuen Schirm zu kaufen. Meinen alten bekomme ich ja doch nicht wieder, dachte sie, außerdem möchte ich endlich einmal einen schönen, bunten Regenschirm haben.

Sie ging also und kaufte sich einen fröhlichen knallroten Schirm mit weißen Punkten. Der war bestimmt nicht zu übersehen, er leuchtete ja aus jeder dunklen Ecke. Sollte sie jetzt noch beim Schuster nachfragen? Sie hielt das für überflüssig. Doch als sie an dem Geschäft vorbeiging, sprang die Schustersfrau heraus und hielt ihr den alten vergessenen Regenschirm vor die Nase.

„Sie haben ihn gestern bei uns stehen gelassen“, rief sie. Da stand nun Tante Blümchen mit zwei Schirmen in der Hand, dem neuen roten und dem alten grauen. Sie machte ein ziemlich verdutztes Gesicht, das kann ich euch verraten,

aber der Zufall kam ihr zu Hilfe – und Tante Blümchen nutzte diesen.

Ein tropfnasses junges Mädchen kam ihr entgegen. Es hatte nur eine dünne Jacke an und ein Kopftuch, aber das war zu wenig Schutz gegen den Regen.

„Du brauchst einen Schirm, mein Kind, sonst wirst du ganz durchnässt, ehe du nach Hause kommst!“ Tante Blümchen drückte dem Mädchen ihren alten grauen Schirm in die Hand. Verwirrt stotterte es: „Danke – aber – aber wohin soll ich ihn denn dann zurückbringen?“

„Den brauchst du gar nicht zurückbringen, ich habe ja einen neuen Schirm. Schenke ihn einfach weiter ...“, lachte Tante Blümchen und eilte davon.

Abends überlegte sie: „Es nützt nichts, wenn man sich über seine Vergesslichkeit ärgert. Jetzt habe ich einen schönen neuen Schirm, den ich mir schon lange wollte, und mit dem alten konnte ich noch jemandem helfen. Auch ein hässlicher Regentag hat eben etwas Gutes. Man muss sich nur darüber freuen können!“

Heute wäre der richtige Tag zum Drachensteigen", stellte der dicke Friedl fest, als er bei der Großmutter eintrat, „aber leider hatte ich gerade heute zu viele Hausaufgaben und jetzt ist es schon dunkel."

„Ja, es geht ein schrecklicher Wind und kalt ist es auch", bestätigte Marlies, die zerzaust und mit knallroten Backen hinter ihm durch die Tür kam. „Ein paar Hüte sind mir entgegengeflogen, einen konnte ich von der Fahrbahn retten", lachte sie.

„Wer trägt schon Hüte?", grinste der lange Paul. „Mir kann keiner davonfliegen, weil ich keinen aufsetze."

„Aber ältere Herren setzen sie auf und die haben es dann schwer, ihrem Ausreißer nachzujagen", meinte die Großmutter.

„Wie praktisch sind Pudelmützen, die fest am Kopf sitzen, so wie bei unserem Hansl", zwinkerte Betty dem

Kleinen zu. Der fühlte sich gefoppt und wollte auf Betty losgehen, doch die Großmutter wusste das zu verhindern, indem sie eine Schüssel mit Mandarinen, Feigen, Datteln und Nüssen auf den Tisch stellte.

„So", sagte sie, „und jetzt stärkt euch zunächst einmal, es gibt auch etwas zu trinken und dann wollen wir beim Thema bleiben und ich erzähle euch von einem stürmischen Tag, wie Tante Blümchen ihn einmal erlebt hatte."

Ein stürmischer Tag

Ein kalter Wind fegte durch die Stadt, blies übers Land. Alles, was man nicht festhielt, flog auf der Straße davon: Hüte, Tücher, Zeitungen ... Für die Kinder war das ja ganz lustig, für ältere Leute weniger. An einer Straßenecke hätte ein Windstoß eine alte Frau, die mit einem Stock ging, beinahe umgeworfen. Sie traute sich kaum weiterzugehen.

Auch Tante Blümchens Nachbarin, Frau Mitterbach, nach einer Krankheit noch etwas schwach auf den Beinen, wagte sich bei dem Sturm nicht aus dem Haus. Dabei wartete ihre Dackelhündin Bella schon auf den täglichen Morgenausgang. In diesem Notfall sprang die gute Tante Blümchen natürlich ein.

„Geben Sie mir die Leine, Frau Mitter-

bach, ich nehme Bella mit auf die Gasse."

„Aber meine Bella ist so eigensinnig, ich weiß nicht, ob sie mit Ihnen gehen wird ...", sorgte sich die Hundebesitzerin.

„Keine Sorge, ich komme schon mit ihr zu Recht", lächelte Tante Blümchen. Sie tätschelte Bellas glattes Fell und legte ihr die Leine an.

Bella schielte misstrauisch zu ihr auf, denn sie wäre lieber mit ihrem Frauchen gegangen. Dackel sind eigensinnig, sie lieben keine Veränderungen. Doch Tante Blümchen hatte schon die Leine in der Hand und wandte sich zum Gehen.

„Passen Sie gut auf Bella auf!", rief ihr Frau Mitterbach nach. „Dem schwarzen Kläffer, dem Bimbo vom Herrn Kringelhuber, gehen Sie besser aus dem Weg, den mag die Bella gar nicht ... Aber Maxl, der braune Boxer der Frau Hofrat, das ist ihr Freund, den will sie begrüßen ... hören Sie?"

„Ja, ja, keine Sorge, wird alles gemacht", rief Tante Blümchen durchs Stiegenhaus und zog Bella hinter sich her.

Die Dackelhündin sah unzufrieden drein. Das trübe, windige Wetter gefiel ihr gar nicht. Selbst als ihr Freund, der Boxer Maxl, um die Ecke bog, schien sie das nicht sonderlich aufzuheitern. Sie bellte nur kurz einen Wuff-wuff-Gruß, den Maxl mit seiner tiefen Bellstimme beantwortete. Dazu wedelte er einladend mit seinem Stummelschwanz. Doch Bella schien nicht in Laune zu einem ausführlichen Gespräch zu sein. Gelangweilt beschnupperte sie einen Baum und ließ den Boxer gekränkt zurück.

Doch da tauchte plötzlich, wie der berühmte Krampus aus der Schachtel, der gefürchtete Bimbo samt Herrn Kringelhuber auf. Laut kläffend umkreiste er Bella. Gereizt schimpfte diese zurück. Maxl wollte sich einmischen, doch er wurde sofort zurückgepfiffen und folgte widerwillig. Sicher hätte er nur zu gern dem kleinen frechen Kläffer einen Denkzettel verpasst.

Tante Blümchen beeilte sich nun mit Bella aus dem Umfeld des bösen Bimbo zu kommen, denn sie dachte an die Warnung von Frau Mitterbach. Doch Bella nahm ihr das übel. Sie war gerade in der richtigen Stimmung, sich mit dem Kläffer tatkräftig auseinander zu setzen. Heute wollte sie es ihm einmal zeigen! Energisch zog Tante Blümchen sie davon – ehe es zur Katastrophe kam.

Das ärgerte Bella. Na warte, der zeige ich es aber ... dachte sie und weigerte sich, an der nächsten Hausecke weiterzugehen. Sie stemmte ihre vier Dackelpfoten fest in den Boden und bellte voll Widerspruch. So musste auch Tante Blümchen stehen bleiben, denn Bella ließ sich nicht von der Stelle bewegen.

„Na, das werden wir sehen, wer der Stärkere ist“, murmelte Tante Blümchen. Doch im nächsten Augenblick fuhr ein starker, jäher Windstoß um die Ecke und etwas krachte vor ihnen mitten auf den Gehsteig. Ein großer Blumentopf war es. Er zersplitterte in viele Stücke. Erschrocken starrte Tante Blümchen auf die Scherben. Es hätte nicht viel gefehlt und sie wären auf ihrem Kopf gelandet! „So was kann ja lebensgefährlich sein“, murmelte sie. Bella aber schaute mit klugen Dackelaugen zu ihr auf und bellte:

„Wuff – das Zeug hätte uns getroffen, garantiert – wenn ich mit dir weitergegangen wäre, wie du gewollt hast. Du kannst mir dankbar sein – wuff, wuff!“

Tante Blümchen schien diesmal die Dackelsprache verstanden zu haben, denn sie nickte Bella zu und sagte: „Ja, ja, du hast Recht! Bist ein ganz gescheites Hündchen. Ich danke dir auch schön!" Dann gingen sie in den nächsten Fleischerladen und Bella bekam eine frische, duftende Knackwurst. Die hat sie sich verdient, fand Tante Blümchen.

Als wieder alle in Großmutters gemütlichem Wohnzimmer versammelt waren, Tee getrunken hatten und Kuchen gegessen, läutete es an der Tür. „Wer kann denn das sein?", wunderte sich die Großmutter und ging zur Tür. Es war Miroslav, ein Bürschchen

von 10 Jahren, der erst seit kurzem mit seinen Eltern in einer kleinen Wohnung ganz in der Nähe lebte. Großmutter hatte der Familie, die fremd hier war und sich erst eingewöhnen musste, ein wenig geholfen und nun stand Miroslav da und hielt verlegen Blumen in der Hand.

„Soll ich sagen danke schön von Mama und geben Blumen für Sie – da, nehmen, bitte!“ Verlegen streckte er der Großmutter das Sträußlein entgegen.

„Das ist aber lieb von euch – ich habe doch gerne geholfen! Sage deiner Mutter, ich bedanke mich und ich habe mich sehr gefreut. Die Blumen kommen gleich da auf den Tisch in die Mitte. Und du, Miroslav, du darfst jetzt sicher ein bisschen bei uns bleiben. Komm, zieh den Anorak aus, setz sich neben den Hansi – da ist noch Platz – und greif zu!“

Hansi und der lange Paul machten Platz und der schmächtige Miroslav fand genügend Platz auf dem Sofa. Schon lag ein großes Stück Kuchen vor ihm auf dem Teller und Annemarie schob ihm ein Glas mit heißem Zitronentee zu.

„Und jetzt erzählt uns Großmutter eine Geschichte. Hörst du auch gerne Geschichten?" Hansi war nie um ein Gesprächsthema verlegen. Der fremde Junge strahlte. „Oh mag ich gern Geschichten erzählen, versteh ich auch schon gut Deutsch!"

„Na, dann kann es ja losgehen! Großmutter, wir sind ganz Aug und Ohr ...", lachte Onkel Georg mit dem Schnurrbart.

Und dann erzählte die Großmutter die Geschichte von Tante Blümchen und Mini-Martin.

Die **erste** Kerze am Adventskranz

Ein kleines Licht in finstrer Nacht,
du Hirt' am Feld, sei auf der Wacht!

Mini-Martin

Alle fürchteten sich vor Mini-Martin. Er war mit seinen knapp zweieinhalb Jahren ein arger Schreihals und jähzornig.

Also dumm war er ja nicht, der kleine Martin. Er wusste genau, dass er alles haben konnte von den Großen, wenn er nur laut genug schrie und purpurrot im Gesicht wurde. Und wenn er sein „Nein, nein" oder „Mag aber nicht" hervorstieß, dann geschah nur das, was ihm passte.

Das war auch der Grund dafür, dass seine geplagte Mutter keinen Babysitter fand. Es wollte ja niemand bei dem schrecklichen Kind bleiben.

Eines Tages, als die arme Martin-Mutter schon ganz verzweifelt war, weil sie dringend fortgehen musste und den Kleinen nicht mitnehmen konnte, erbot sich Tante Blümchen, die in der Nähe wohnte, auf Mini-Martin aufzupassen.

Der Kleine wurde also – mitsamt Baukasten und Bilderbuch und Saftfläschchen – am Morgen zu Tante Blümchen gebracht. Die Mutter bedankte sich überschwänglich, strich dem Buben über den Lockenkopf und flehte: „Bitte, sei recht artig, Martin, wenigstens einmal, ja? Ich bringe dir auch was Schönes mit!" Dann verschwand sie. Mini-Martin war allein mit Tante Blümchen. Er sah sich um in der fremden Umgebung, setzte sein bockiges Gesicht auf und begann zuerst einmal zu brüllen.

Aber Tante Blümchen ließ sich davon nicht beeindrucken. Sie lächelte weiterhin fröhlich und benützte eine Pause, die der Schreihals zum Atemholen brauchte, um zu sagen: „Pass einmal auf, das kann ich auch!" Und sie stieß ebenfalls zwei schrille Schreie aus. Entrüstet sprang der Kater Jeremias aus der Sofaecke, in der er friedlich geschlafen hatte. Solche

schauerlichen Töne war er von der stillen Tante Blümchen nicht gewohnt. Auch der weiße Spitz war aufgeschreckt.

Mini-Martin aber war etwas verblüfft. Außerdem lenkte ihn der Kater ab. Er zappelte auf Jeremias zu und wollte ihn festhalten. „Lass ihn, das mag er nicht!“, warnte Tante Blümchen.

„Will aber, will aber!“, schrie Mini-Martin. Er erwischte den Kater an der

Schwanzspitze. Da drehte sich Jeremias blitzschnell um und schlug mit der Tatze auf die Kinderhand. Ein roter Kratzer blieb zurück. Jetzt brüllte Mini-Martin erst recht los.

„Siehst du, mein Lieber, wer nicht hören will, muss fühlen!“, sagte Tante Blümchen. Sie holte ein braunes Fläschchen und tupfte daraus etwas auf den Kratzer. Dann klebte sie ein großes Pflaster darüber. Das beeindruckte den klei-

nen Martin sehr und er hörte auf zu brüllen. So eine Pflasterhand war schon etwas Besonderes, die hatte nicht jeder. Stolz betrachtete er sie von allen Seiten.

„Willst du nicht mit den Bausteinen ein Haus bauen oder eine Brücke?", schlug Tante Blümchen vor.

„Nein, nein, mag nicht!" Unzufrieden kramte Mini-Martin in der Schachtel mit den Bausteinen und fing an, sie im Zimmer herumzuwerfen. Peng – einen unters Sofa, einen hinter dem Kater her, der sich auf den Kasten flüchtete, die übrigen verstreute er im ganzen Zimmer. Dabei schielte er immerzu nach Tante Blümchen. Fing sie nicht endlich an zu schimpfen?

Aber Tante Blümchen sah freundlich drein wie immer und tat, als ginge sie das gar nichts an.

Schließlich packte Mini-Martin sein Bilderbuch, marschierte zu ihr und befahl: „Vorlesen, will zuhören!"

„Gut, wenn du die Bausteine wieder eingesammelt hast, wollen wir zusammen das Bilderbuch anschauen", meinte Tante Blümchen.

„Nein, nein, will nicht. Will gleich Bilderbuch anschauen!", schrie Mini-Martin. „Und ich will auch nicht", lächelte Tante Blümchen. Sie setzte sich in ihren Lehnstuhl und nahm das Strickzeug zur Hand.

Mini-Martin stand da, zornig wie ein Gockelhahn, und wusste nicht, was er machen sollte. Nach einer Weile fing er langsam an, die Bausteine einzusammeln. Er kroch unter den Tisch, unter das Sofa und brummelte vor sich hin. Als endlich alle bunten Steine wieder in der Schachtel waren, schaute Tante Blümchen von ihrem Strickzeug auf und sagte freundlich: „So, Martin, wollen wir uns jetzt das Bilderbuch anschauen? Jetzt, nachdem du aufgeräumt hast, mag ich wieder."

Darauf konnte Mini-Martin doch nicht gut „Nein, nein, mag nicht!" sagen. Er stapfte also herbei und brummte: „Ja, will anschauen."

„Wenn du dazu auch noch *bitte* gesagt hättest, wäre ich glatt vom Sessel gefallen“, lachte Tante Blümchen. Sie legte das Strickzeug zur Seite, nahm den Kleinen mitsamt seinem Bilderbuch auf den Schoß und las die Verse vor, die unter den Bildern standen.

Was blieb da unserem Mini-Martin anderes übrig, als sein zorniges kleines Gesicht zu einem Lächeln zu verziehen?

Als dann seine Mutter erschien, um ihn abzuholen, schieden sie in voller Eintracht und Tante Blümchen meinte:

„Sie können Martin ruhig wieder einmal zu mir bringen, wenn Sie zu tun haben. Wir kommen sehr gut miteinander aus.“ Nur der Kater Jeremias schielte von der sicheren Höhe des Kleiderkastens misstrauisch auf Mini-Martin hinunter.

Hallo, da seid ihr ja wieder, meine Lieben!", rief die Großmutter den Kindern entgegen, als ein ganzer Trupp vor der Türe stand. Alle waren auf einmal gekommen: Betty, Annemarie, Tom und Ricky, Felix, der kleine Hansi und der lange Paul.

„Nur herein in die gute Stube! Aber bitte, putzt euch die Schuhe gut ab, der Schneematsch draußen ist ja grässlich ..."

Die Großmutter half, Jacken, Mäntel und Schals zu verstauen, dann versorgte sie ihre Gästeschar mit heißem Zitronentee, Gebäck und einer Schale Obst. Alle langten eifrig zu.

Der dicke Friedel war heute schon früher gekommen, er schmauste bereits. Der kleine Hansi schielte nach dem Honigkuchen, lud sich ein großes Stück auf den Teller und meinte: „Großmutter, bei dir schmeckt es mir immer am allerbesten!"

„Vielfraß!", brummte sein großer Bruder, der lange Paul. „Selber Vielfraß", gab Hansi zurück.

Da lachte die Großmutter: „Mich freut es jedenfalls, wenn es euch schmeckt und ihr gerne zu mir kommt!"

„Aber wir kommen doch nicht nur wegen deiner guten Sachen, sondern auch um dir zuzuhören", mischte sich

Betty ein. „Was gibt es denn heute von Tante Blümchen zu berichten?"

„Zunächst einmal will ich euch einen Schulaufsatz von Freddy, dem Piratenhäuptling, vorlesen und dann die Geschichte von Tante Blümchens schrecklichem Pechtag", sagte die Großmutter und rückte ihre Brille zurecht.

Aufsatz von Freddy Merker, genannt der Piratenhäuptling, 4. A der Volksschule Ludwigstraße zum Thema „Ein Mensch, den ich besonders mag".

Meine Tante Blümchen

Ich mag sie am liebsten. Sie ist immer lustig und hilft mir, wenn ich etwas brauche. Eigentlich ist sie die Tante meiner Mutter und ich müsste Großtante zu ihr sagen, aber das ist umständlich und groß ist sie ja auch nicht. Sie ist klein und rundlich. Sie ist schon sehr alt, beinahe hundert. Vorige Woche haben wir ihren 65. Geburtstag gefeiert. Das war lustig. Wir haben Torte gefuttert und dann haben wir

im Garten ein Lagerfeuer gemacht und sind alle rundherum getanzt.

Auch Tante Blümchen. Sie kann sogar noch Purzelbaum schlagen. Aber nach dem dritten hat sie geschrien: „Au, mein Kreuz!“ Dann hat sie wieder gelacht und gesagt: „So einen lustigen Geburtstag habe ich mir schon immer gewünscht!“

Von den vielen Torten ist mir dann schlecht geworden. Aber ich habe mir nichts anmerken lassen, jedenfalls nicht viel.

Meine Tante Blümchen hat ein rundes Gesicht und blaue Augen. Mit der Haarfarbe kenne ich mich nicht aus, ob es mehr braun oder grau ist. Aber das ist bei Damen immer schwer. Meine Mutti hat jetzt rote Haare, vorher war sie auch braun. Mir ist das egal, Hauptsache ist, Tante Blümchen hilft mir immer. Und sie kann so gute Apfelkuchen backen. Da ist sie einsame Spitze, wirklich! Sie ist mein Lieblingsmensch – außer der Mutti natürlich. Und das wird sie auch bleiben. Da-

mit ist mein Aufsatz zu Ende, weil jetzt tut mir schon die Hand weh vom Schreiben.

Freddy bekam von der Klassenlehrerin ein „Gut" unter den Aufsatz, denn Tante Blümchen hatte ihm die gröbsten Rechtschreibfehler ausgebessert.

Die **zweite** Kerze am Adventskranz

Wie ein frohes Augenpaar
leuchten wir dem späten Jahr.

Der Pechtag

Ach, Freddy, das war heute wirklich ein schrecklicher Tag für mich, ein richtiger Pechtag", seufzte Tante Blümchen, als der Piratenhäuptling am späten Nachmittag bei ihr vorbeikam. Der griff rasch nach den dargebotenen Schokokeks und hörte sich kauend ihren Bericht an.

Da war zunächst einmal die zerbrochene Kaffeetasse beim Frühstück. Diese Tasse hatte Flora Blume von einer Patentante zum Geburtstag bekommen. Das war schon sehr lange her und deshalb tat es Tante Blümchen besonders Leid.

Traurig hatte sie die Scherben zusammengekehrt. Kaum war sie damit fertig, läutete der Briefträger und brachte ihr einen Mahnbrief. Kopfschüttelnd sah sie sich die Rechnung des Installateurs an. Sie war schon seit Monaten fällig, sollte sie vergessen haben, sie zu bezahlen? Das war ihr doch noch nie passiert. Es musste jedenfalls aufgeklärt werden.

Als sie dann einkaufen ging, trat sie im Stiegenhaus auf eine Bananenschale, die jemand achtlos weggeworfen hatte, rutschte aus und konnte sich gerade noch im letzten Moment am Geländer erfangen. Dabei stach es sie höllisch im Kreuz.

„Das scheint ja nicht gerade *mein* Tag zu sein. Heute muss ich besonders vorsichtig sein!", murmelte Tante Blümchen und humpelte die Stiege hinunter.

Ihren Schlüsselbund versteckte sie wieder einmal in einem Seitenfach der Tasche und sie musste lange herumkramen, was ihre Laune auch nicht hob. Natürlich vergaß sie beim Einkaufen auf den Brotwecken und sie musste den Weg noch einmal machen.

„Ich werde froh sein, wenn dieser Tag zu Ende geht ...", dachte sie. Doch das

Unheil machte immer noch nicht Halt. In dem Paket, das sie aus der Putzerei heimtrug, fand sich nicht ihr Regenmantel, sondern einer, der für einen Riesen von zwei Meter Länge bestimmt war. Der Mantel hatte zwar dieselbe Farbe wie ihrer, aber das nützte der kleinen, rundlichen Tante Blümchen nichts.

„Ach du lieber Schreck, was soll ich denn mit diesem Riesending anfangen?"

Sie stürzte ans Telefon und beschwor die Frau in der Putzerei, ihren richtigen Mantel herbeizuschaffen. Mittlerweile war der Piratenhäuptling wieder bei ihr aufgetaucht. Freddy wirkte diesmal, ganz gegen seine sonstige Gewohnheit, schweigsam und bedrückt. Tante Blümchen sah ihn forschend und auch ein wenig misstrauisch an. Sie kannte ihn doch recht gut.

„Freddy, jetzt erzähle mir um Himmels willen nicht, dass du wieder etwas angestellt hast!"

Der Piratenhäuptling nickte mutlos. „Hab ich aber. Nur der Karli Huber ist auch mit schuld, er hat ja angefangen ..."

„Was hat er angefangen?"

„Na die Rauferei. Dabei ist sein Uhrglas kaputtgegangen und jetzt soll ich es von meinem Taschengeld zahlen. Aber das ist doch längst alle, das habe ich schon ausgegeben."

„Natürlich, das musste ja so kommen!", seufzte Tante Blümchen. Diese Feststellung bezog sich sowohl auf den unseligen Pechtag als auch auf den rauflustigen Freddy. Auch der Piratenhäuptling seufzte und verzog sich ungetröstet. Aber Tante Blümchens Pechtag schien kein Ende nehmen zu wollen.

Zur gewohnten Fütterungszeit blieb diesmal Kater Jeremias aus. Das war ungewöhnlich, wenn man den Appetit des schwarzen Hauskaters kannte. Wo steckte er nur? War ihm etwas zugestoßen? Vor Tante Blümchens Augen stiegen schreckliche Bilder auf. Sie ging in den Garten, rief und lockte. Ohne Erfolg. Da musste man sich doch Sorgen machen! Bedrückt kehrte Tante Blümchen wieder in die Wohnung zurück.

Und dann – es ging schon auf den Abend zu – wendete sich alles zum Besseren. Die Firma, die den Mahnbrief geschrieben hatte, rief an und entschuldigte sich für den Irrtum. Tante Blümchen hatte pünktlich bezahlt, der Fehler lag in der Buchhaltung. Danach klingelte es an der Tür. Ein baumlanger junger Mann stand draußen. Er lächelte etwas verle-

gen und hielt Tante Blümchen ein braunes Paket entgegen.

„Unsere Regenmäntel wurden vertauscht, dieser da wäre mir viel zu klein gewesen, so wie der meinige Ihnen viel zu groß ist“, sagte er.

Während der Austausch der Mäntel vor sich ging, schlüpfte Kater Jeremias auf leisen schwarzen Pfoten zur Tür herein. Heißhungrig stürzte er sich auf die gefüllte Futterschüssel.

„Oh, da bist du ja, du kleiner Strolch! Ich habe mir schon solche Sorgen um dich gemacht“, rief Tante Blümchen erleichtert. Am Abend berichtete sie dann alles ganz genau dem Piratenhäuptling, und weil sie so froh war, dass der schreckliche Pechtag so ein friedliches Ende gefunden hatte, fand sie, es sollten auch Freddys Probleme gelöst werden. So zog sie ihn, der heute sehr kleinlaut war, neben sich auf das Sofa, legte den Arm um seine Schulter und sagte:

„Schau mal, Freddy, du alter Piratenhäuptling, wenn du mir versprichst, dass ihr vor eurer nächsten Rauferei Armbanduhren, Brillen und andere heikle Gegenstände ablegt, dann will ich dir diesmal das Geld für das Uhrglas, das du ersetzen musst, geben."

„Versprochen, Ehrenwort, das machen wir ... und ein ganz großes Dankeschön!" Freddy strahlte übers ganze Gesicht. Tante Blümchen war ja doch die Beste!

Brigitte, die schon fast Erwachsene, erschien heute ganz aufgelöst bei der Großmutter. „Bitte, darf ich gleich einmal bei dir anrufen?", fragte sie.

„Wieso? Ist dein Handy kaputt?", erkundigte sich der dicke Friedl.

„Nein, aber ich muss es verwechselt haben, wahrscheinlich im Hörsaal nach dem Kurs." Brigitte machte eine Krankenpflege-Ausbildung und da hatte sie an verschiedenen Stellen zu tun. In der Eile hatte sie offenbar statt ihres Handys ein anderes erwischt, und das war ihr jetzt peinlich. Daher wollte sie sich bemühen, die Sache rasch in Ordnung zu bringen.

Während Brigitte telefonierte, stellte die Großmutter eine Schüssel mit Weihnachtsgebäck auf den Tisch für ihre jungen Gäste, teilte Limonadengläser aus und zauberte auch noch einen Korb mit Obst und getrockneten Früchten herbei.

Der dicke Friedl schnupperte begeistert. „Hm, es riecht ganz weihnachtlich! Dabei dauert es ja doch noch drei Wochen bis zum Fest", stellte er fest.

Auch die anderen, Marlies, Tom und Ricky und der kleine Hansi, ließen sich nicht lange bitten und langten eifrig zu. Jetzt war der Nachbarjunge Miroslav, der schon gut Deutsch sprach, ebenfalls ein treuer Gast bei Großmutters Erzählstunde. Er freute sich die ganze Woche darauf und fühlte sich gar nicht mehr fremd.

„Was erzählst du uns denn heute von Tante Blümchen?", fragte er neugierig.

„Die Sache mit dem verwechselten Handy von Brigitte hat mich an eine Begebenheit erinnert, über die wir damals mit Flora Blume – unserer Tante Blümchen – sehr gelacht ha-

ben", sagte die Großmutter und ein Schmunzeln überzog ihr Gesicht.

„Also etwas Lustiges?", rief Tom.

„Oh ja, das kann ich euch versprechen", nickte die Großmutter und begann.

Die Verwechslung

Unserer Tante Blümchen war ein fremder Wellensittich zugeflogen. Er hatte ein seidig glänzendes hellblaues Gefieder und sah etwas erschöpft drein. Bei Tante Blümchen war er gut aufgehoben. Sie sorgte rührend für den kleinen Zugereisten, der wahrscheinlich ein Ausreißer war, und gab am nächsten Tag eine Anzeige im „Ortsboten" auf, dass der Sittich bei ihr abzuholen wäre. Dazu Name und Telefonnummer.

Weil der kleine Hellblaue oft leise „Fiffi-didi" vor sich hin zwitscherte, nannte sie ihn einfach „Fiffi". Ihm schien das recht zu sein, er fühlte sich sehr wohl in ihrer Obhut.

Bald darauf meldete sich am Telefon eine Männerstimme und kündigte seinen

Besuch für Nachmittag an. Um vier Uhr läutete es an der Wohnungstür. Ein Herr im grauen Anzug stand draußen. Er hielt einen großen Pappkarton in der Hand.

„Ich werde Sie nicht lange aufhalten, meine Dame …“, begann er. Tante Blümchen unterbrach ihn:

„Ach ja, ich habe Sie schon erwartet, bitte kommen Sie nur herein!“

Der Herr schien etwas überrascht. Er wollte wieder mit seiner Rede beginnen. „Ich komme, wenn Sie mir gestatten …“

„Ich weiß, ich weiß, es freut mich. Wie ich sehe, haben Sie gleich das Nötige mitgebracht!“ Sie wies auf den großen Karton, den sie für eine Transportschachtel für den Sittich hielt.

Der Herr stellte den Karton ab und nestelte an dem Verschluss herum. „Darf ich Ihnen gleich einmal vorführen, damit Sie über die Funktionsweise des Gerätes Bescheid wissen …“

Tante Blümchen schüttelte den Kopf. „Aber das ist doch nicht nötig. Warten Sie, zuerst wollen wir uns ein wenig über

Fiffi unterhalten, damit ich sicher bin, dass er der Richtige ist!"

Der graue Herr schien verwirrt. „Fiffi?", stotterte er. „Verzeihen Sie, meine Dame, aber das Ding heißt *‚Borsti'* und es ist garantiert das Richtige für jeden ..."

Jetzt schüttelte Tante Blümchen verständnislos den Kopf. „Wie können Sie nur von einem ‚Ding' sprechen? Das ist doch eine etwas lieblose Bezeichnung. Und der Name *Borsti* gefällt mir auch nicht. Der passt doch eher für ein Wildschwein. Also, wenn ich an die zarten Federn und den Seidenglanz denke ... Streicheln möchte man ihn am liebsten!"

Der fremde Herr schnappte nach Luft. War er etwa an eine Verrückte geraten?

„Wie? Sie wollen Borsti streicheln? Na ja, er ist doch eher für etwas anderes gedacht ... Aber wenn Sie gestatten, möchte ich jetzt zum eigentlichen Zweck meines Besuches kommen ..." Er griff wieder nach dem Karton.

Tante Blümchen war misstrauisch geworden. Da stimmte doch etwas nicht.

Wer weiß, ob das der rechtmäßige Besitzer von Fiffi – oder Borsti, wie er ihn nannte – war?

„Mir scheint, Sie haben einen anderen Vogel im Sinn", sagte sie.

Jetzt wurde der Herr in Grau ärgerlich. „Ich habe gar keinen Vogel im Sinn, meine Dame – *ich* nicht. Und jetzt lassen Sie mich erklären, wie Sie mit unserem *Borsti* umgehen müssen."

„Dazu brauche ich keine Erklärung. Ich weiß, wie ich mit ihm umgehen muss, aber Sie scheinen da nicht viel Mitgefühl und Liebe zu besitzen …"

Der graue Herr schnappte nach Luft. Bevor er aber noch etwas entgegnen konnte, läutete es an der Tür. Als Tante Blümchen öffnete, stand ein älterer Herr im karierten Sakko vor ihr.

Er hielt einen Vogelkäfig in der Hand und lächelte sie an. „Guten Tag, Frau Blume. Ich komme, um meinen Fiffi abzuholen. Ich bin ja so froh, dass ihm nichts passiert ist …", sagte er.

„Fiffi? – Borsti? – Sie wollen Fiffi abho-

FIFFI

len?" Sie starrten von dem karierten auf den grauen Herrn. Endlich stieß sie hervor: „Ach, dann gehört der Wellensittich Ihnen? Sie sind der Besitzer?"

Der karierte Herr nickte. „Ja, der bin ich, Sie werden gleich sehen, liebe Frau Blume, wie er mich begrüßt. Er ruft mir immer ‚Fiffi-didi' zu."

Tante Blümchen atmete erleichtert auf. „Ja, aber wer oder was ist dann Borsti?"

„Unsere elektrische Klobürste", sagte der graue Herr. Ich wollte sie Ihnen gerade vorführen, aber Sie scheinen sich ja mehr für Vögel zu interessieren."

Er sah ziemlich beleidigt drein, nahm seinen Karton auf, verbeugte sich förmlich und wandte sich mit gekränkter Miene zum Gehen.

Tante Blümchen aber sank vor Lachen geschüttelt auf den nächsten Sessel. Auch der karierte Herr lachte laut und dröhnend. Es war ja auch eine unglaubliche Verwechslung: Wellensittich statt Klobürste – Fiffi – Borsti – was es nicht alles gibt!

FiFFi

Onkel Georg mit dem Schnurrbart, wie ihn die Kinder nannten, war ein Neffe der Großmutter. Wenn es ihm gelang, einmal früher aus seinem Büro wegzukommen, kam er ebenso gerne zu den vorweihnachtlichen Erzählstunden wie die Kleinen und Mittelgroßen. Alle mochten ihn, denn er war immer zu einem Spaß

aufgelegt und er wusste auch allerlei Interessantes zu berichten.

Auch heute war er bereits bei der Großmutter, als Brigitte mit Felix, Hansi und den Zwillingen Tom und Ricky das Zimmer betrat. „Wir haben schon Sterne am Himmel gesehen", rief Tom, der ein richtiger Sterngucker war.

„Ja, es wird jetzt so bald dunkel, mit jedem Tag früher", nickte die Großmutter. „Na klar, am 21. Dezember ist doch der kürzeste Tag und die längste Nacht", brummte der lange Paul. „Es sind ja nur noch ein paar Wochen bis dahin!"

Da mischte sich Onkel Georg ins Gespräch. Himmel, Sterne und das Weltall waren ja seine Lieblingsthemen. „Wisst ihr auch, dass man erst vor kurzem eine neue, hochinteressante Erkenntnis gewonnen hat – über den Asteroiden Eros?"

„Was ist das, ein Asteroide?", wollte Hansi wissen.

Onkel Georg mit dem Schnurrbart erklärte: „Asteroiden sind die kleinsten Planeten und einem dieser kleinen gab man den Namen Eros – er wurde schon vor über 100 Jahren entdeckt, er ist nur ca. 40 km lang, ist aber wichtig zur Bestimmung der Sonnenentfernung. Und jetzt kommt das Interessante – die Raumsonde ‚Near' hat genaue Daten und Bilder von Eros zur Erde gefunkt. Wir wissen also, dass dieser Winzling unter den Planeten eine feste Kruste hat, ähnlich unserer Erdkruste. Das ist erstaunlich, denn bisher nahm man an, dass er nur aus Gasen bestehe."

„Und wie weit ist dieser Planet Eros von uns entfernt?", wollte Brigitte wissen.

„Ach, nur 300 Millionen Kilometer", lächelte Onkel Georg. Tom lief

zum Fenster und spähte hinauf zum dunklen Abendhimmel. „So weit sind die Sterne von uns weg und trotzdem kann man Fotos von ihnen machen ...", sagte er andächtig. „Ist das nicht wunderbar? Am liebsten möchte ich Astronaut werden."

„Da musst du aber noch viel lernen, mein Lieber", lächelte die Großmutter und dann begann sie mit einer Geschichte, die ebenfalls mit Sternen zu tun hatte.

Tante Blümchen und die Sterne

Soll ich dir einen Stern schenken?", fragte Tante Blümchen eines Abends, als sie mit dem Piratenhäuptling Freddy von einem Ausflug nach Hause kam.

„Einen Stern? Was soll ich denn mit dem anfangen?" Freddy schüttelte den Kopf. Manchmal hatte die gute Tante Blümchen wirklich sonderbare Einfälle. Doch sie lächelte nur und meinte:

„Du könntest dich darüber freuen. Immer wenn du zum Himmel aufschaust und ihn siehst, kannst du dir denken: Das ist *mein* Stern und er leuchtet die ganze Nacht für mich. Wie wäre es denn mit dem kleinen ganz rechts? Er blinkt so schön, findest du nicht auch?"

Freddy starrte angestrengt zum Sternenhimmel hinauf. Endlich hatte er den kleinen rechts oben gefunden. „Na ja, warum muss es denn so ein kleiner sein?", brummte er, „der große dort würde mir besser gefallen."

„Der große ist der Abendstern, den kannst du nicht haben, der gehört uns allen zusammen", sagte Tante Blümchen.

„Und der helle, weiter links?"

„Der gehört zum Sternbild der Cassiopeia. Die bilden ein großes W – siehst du es?"

Der Piratenhäuptling blickte Tante Blümchen überrascht an. „Donnerwetter! Woher weißt du denn das?"

Tante Blümchen lächelte. „Das habe ich in einem Buch gelesen, ein sehr interessantes Buch. Es handelt nur von Sternen."

„Hat es ein Raumfahrer geschrieben?" Jetzt wurde es auch für Freddy interessant. Doch Tante Blümchen schüttelte den Kopf.

„Nein, das ist schon ein sehr altes Buch. Damals konnte man noch nicht zum Mond oder zu den Sternen fliegen, aber man wusste doch Bescheid über den Sternenhimmel zu jeder Jahreszeit."

Das beeindruckte den jungen Piratenhäuptling.

„Die Sterne sind doch so weit von uns entfernt, wieso kennt man dann ihre Namen, wie diese ‚Eiapopeia' in dem großen W?"

Da erklärte ihm Tante Blümchen, dass die Menschen, die sich mit der Sternenkunde befassten – Astronomen nannte man sie –, schon von alters her den Sternbildern Namen gegeben hatten. Die Namen waren bis heute geblieben. Und sie fügte hinzu:

„Diese Cassiopeia, nicht Eiapopeia, soll eine griechische Königin gewesen sein, die durch einen großen Kummer, den sie erlitten hat, in den Nachthimmel gebannt worden ist."

„Und was ist ihr denn so Schreckliches passiert?", wollte Freddy wissen.

„Der Sage nach musste sie ihre Tochter einem Meerungeheuer überlassen."

„Und wie hieß ihre Tochter?"

„Andromeda. Wenn du jetzt genau hinschaust, kannst du ihr Sternenbild da oben auch erkennen. Es sind die vier hellen Sterne in einer Reihe. Seitwärts davon sind noch auf jeder Seite zwei kleinere. Siehst du, dort!“ Und Tante Blümchen wies mit dem ausgestreckten Arm zum Sternenhimmel.

Angestrengt starrte der Piratenhäuptling hinauf.

„Aber da sind ja so schrecklich viele Sterne, wie soll man sich da auskennen?“

„Es gibt Himmelskarten, in denen alle Sternbilder genau eingezeichnet sind. Ich kann sie dir einmal zeigen“, meinte Tante Blümchen. Freddys Hals war schon ganz steif vom Hinaufschauen. Aber jetzt interessierten ihn die Sterne auch.

„Du musst mir mehr darüber erzählen, ja?“, bat er. „Und meinem Stern, dem kleinen dort ganz rechts, den du mir geschenkt hast, will ich auch einen Namen geben. Wenn ich nur wüsste, wie ich ihn nennen soll …“

„Wie wäre es denn mit Stern *Schlaf*

gut? Vielleicht blinzelt er dir dann jeden Abend diesen Gruß zu."

Tante Blümchen legte den Arm um die Schultern des Piratenhäuptlings und gemeinsam betrachteten sie noch eine Weile den Sternenhimmel.

Rechts vom Mond ...

Rechts vom Mond das Silbergefunkel,
dort oben am Himmel, so hell aus dem Dunkel,
hat es der Mann im Mond verloren?
Ist's von der Milchstraße angefroren?
Oder ein Sternenpaar, frisch angereist –
Von starken Händen zusammengeschweißt?

Sag doch, was ist's mit dem himmlischen Licht?
Ein silberner Traum, ein gläserner Wicht,
den die Engel zum Spielen sich herbestellt –
wollen sie ihn jagen über die Welt?

Kein silberner Traum, kein Sternengefunkel,
mein Kind, kommt aus dem Dunkel.
Von Menschenhand an den Himmel gehoben,
Apparate, Instrumente kreisen da oben.
Dass sie so strahlen, macht nur das Licht,
doch Mond oder Sterne sind das nicht.
Die bleiben dort ewig und senden uns Träume,
Raumstationen sind ja nur *Menschenräume.*

Inge Maria Grimm

Ich bin richtig neugierig, was die gute Tante Blümchen heute wieder erlebt!", rief Hansi, als er zusammen mit den Zwillingen Tom und Ricky das warme gemütliche Wohnzimmer der Großmutter betrat.

Die Großmutter half ihnen, sich aus den Mänteln und Jacken zu schälen, und lachte: „Das freut mich,

Der dicke Friedl

wenn du neugierig bist, aber zuerst gibt es Bratäpfel, damit ihr etwas Warmes in die Hände und in den Magen bekommt. Es bläst heute ein eisiger Wind!"

„Fein, Bratäpfel!", freuten sie sich. Nur der dicke Friedl schaute suchend nach Großmutters Honigkuchen aus. Den liebte er noch mehr.

Auch Onkel Georg mit dem Schnurrbart war gekommen. Er hatte mit dem langen Paul eine Partie Mühle gespielt.

„Das ist heute nicht mein Tag!", seufzte er, weil er verloren hatte. „Aber du verlierst ja immer gegen mich", trumpfte der lange Paul auf. Onkel Georg schüttelte den Kopf. „Nicht immer, mein Lieber! Nur keine Übertreibungen ..."

Da beendete die Großmutter die Debatte und meinte: „Wollt ihr nicht lieber hören, wie es Tante Blümchen *bei einem Besuch in der Großstadt ergangen ist?"*

Ja, das wollten sie alle und so begann die Geschichte.

Tante Blümchen in der Stadt

Tante Blümchen war in die Hauptstadt gefahren. Das tat sie selten, denn sie fand die kleine Stadt, in der sie lebte, schon groß genug. Hier, in der Großstadt, verwirrten sie die vielen Menschen, die an ihr vorbeihasteten, der Verkehr auf den Straßen und Plätzen. Es war aufregend. Schon allein der Weg vom Bahnhof in die Innenstadt erschien ihr endlos.

Sie wanderte durch eines der großen Kaufhäuser. Zuerst machte es ihr Spaß und sie bestaunte die Dekorationen, den weihnachtlichen Schmuck, der schon jetzt, Anfang der Adventszeit, überall glänzte. Sie schüttelte den Kopf über die Weihnachtslieder, die aus dem Lautsprecher erklangen. Das war doch noch nicht die richtige Zeit für „Ihr Kinderlein kommet" und „O du fröhliche, o du selige ...", fand Flora Blümchen, und da musste man ihr Recht geben!

Das Schauen und Hören und Staunen machte sie so müde, als hätte sie einen schweren Rucksack auf den Gipfel eines Berges geschleppt. „Ich muss mich ausruhen", dachte sie, „irgendwo niedersetzen, nur fort aus dem Trubel!"

Es war nicht kalt heute, die Sonne blinzelte sogar aus den Wolken hervor und so setzte sich Tante Blümchen aufatmend im Park auf eine Bank. Sie liebte die Parkanlagen in der Stadt, vor allem in der warmen Jahreszeit. Da gab es so herrliche Blumenbeete, Baumgruppen und blühende Sträucher, dass sie sich nicht genug satt sehen konnte. Doch nun waren die Rosen schon verblüht, buntes Laub lag auf den Wegen, trotzdem war Tante Blümchen froh, dass sie sich hier ein wenig ausruhen konnte.

Sie verstaute ihre Tasche neben sich auf der Bank und schlüpfte aus dem rechten Schuh, der sie an der Ferse drückte.

Da liefen mit viel Geschrei ein paar Jungen vorbei. Der kleinste, so ein sommersprossiger Krauskopf, stolperte und schlug der Länge nach hin. Die anderen rannten weiter. Trotzdem der Kiesweg ihm das Knie aufgeschürft hatte, schien das dem Kleinen weniger auszumachen als ein Riss in seiner Hose. Genau am Knie war der Riss. Als er ihn betrachtete, schossen ihm die Tränen in die Augen. „So ein Schitt ...", murmelte er.

„Na, na, so ein Unglück ist das auch wieder nicht", versuchte ihn Tante Blümchen zu trösten.

„Ja, aber die Mama wird schön schimpfen! Sie hat gesagt, ich soll aufpassen, sie kann mir jetzt keine neue Hose kaufen ..." Der Krauskopf wischte sich mit dem Handrücken über die nasse Nase, setzte sich neben Tante Blümchen auf die Bank und sah bekümmert drein. Die aber kramte bereits in ihrer Handtasche.

„Warte, vielleicht kann ich den Schaden ein wenig begrenzen", meinte sie.

„Ich habe ja immer Nähzeug dabei. Ah, da haben wir ja schon einen passenden Faden …" Sie fädelte geschickt ein, dann lachte sie: „Aber du musst die Hose natürlich ausziehen, sonst kann ich sie nicht nähen. Da, wickle dich in meinen Wollschal, es ist ja ganz mild heute und ich werde mich sehr beeilen. Dauert höchstens zehn Minuten."

Blitzschnell fand die Verwandlung statt und der kleine Krauskopf sah interessiert zu, wie die flinken Finger der alten Frau neben ihm den Riss am Knie zunähten. Es dauerte nicht einmal zehn Minuten, da war kaum mehr etwas davon zu sehen. Der Kleine strahlte. „Sie sind echt Spitze! Die Hose ist ja wieder okay – danke schön!"

„Gern geschehen", lächelte Tante Blümchen und verstaute ihr Nähzeug wieder in der Tasche. Der Junge schlüpfte in seine Hose, reichte ihr den Wollschal und rannte davon.

Einige Zeit später stand Tante Blümchen etwas ratlos in der Unterführung der U-Bahn und versuchte herauszubekommen, welche Linie sie nehmen musste, um dorthin zu gelangen, wohin sie noch gehen musste. Wie kam sie nur dorthin? Etwas ängstlich blickte sie auf die lange Rolltreppe, die unaufhörlich in die Tiefe davonlief. Konnte sie da drauf steigen, ohne das Gleichgewicht zu verlieren?

„Hallo, da sind Sie ja wieder! Wollen Sie hinunter zur Zweierlinie?“, fragte eine Kinderstimme hinter ihr. Überrascht blickte Tante Blümchen in das sommersprossige Gesicht des kleinen Krauskopfs.

Der fasste sie bei der Hand. „Kommen Sie, ich zeige Ihnen, wie das geht.“ Dankbar nahm Tante Blümchen seine Hilfe an. Stolz erklärte er: „Ich kenne mich da aus, ich fahre ja jeden Tag in die Schule.“ Er wusste auch Bescheid, wie sie am besten in die Straße kam, zu der sie wollte, und half ihr beim Umsteigen in die Straßenbahn.

„Vielen, vielen Dank“, verabschiedete

sich dann Tante Blümchen. „Wer weiß, ob ich ohne deine Hilfe hierher gefunden hätte!"

Der Kleine grinste: „Und wer weiß, ob ich ohne Ihre Hilfe bei der zerrissenen Hose nicht viel Ärger zu Hause bekommen hätte. Also sind wir quitt – kommen Sie gut heim – auf Wiedersehen!"

Tante Blümchen sah ihm nach, lächelte und murmelte vor sich hin: „Diese Kinder! Von denen kann man wirklich etwas lernen!"

Heuer habe ich rechtzeitig dafür gesorgt, dass in meinem Garten ein großer Laubhaufen Unterschlupf für eine Igelfamilie bietet. Schließlich brauchen sie ja auch ein trockenes, warmes Winterquartier!", sagte die Großmutter.

„Und sind schon Igel eingezogen?", wollte Felix wissen, der ein großer Tierfreund war.

„Das weiß ich nicht, man kann ja nicht aus purer Neugierde nachschauen gehen. Sie wollen ja in Ruhe gelassen werden, die Igel", lächelte die Großmutter. Und Marlies setzte nachdenklich hinzu:

„So ein Winterschlaf ist doch etwas sehr Feines: Wenn es draußen kalt und nass wird, trüb und dunkel, legt man sich einfach schlafen und wacht erst wieder auf, wenn es heller und wärmer wird. Manchen Menschen würde das sicher auch gefallen!"

„Mir nicht, denn ich will im Schnee rodeln und Ski laufen und Eis laufen und Hockey spielen ...“, schrie Hansi. Auch Miroslav, Tom und der dicke Friedl waren derselben Meinung.

Das Zwillingsmädchen Ricky aber war mit den Gedanken noch bei den Igeln im Laubhaufen. Sie stellte sich das Winterquartier dort sehr gemütlich vor und sie hätte gerne noch etwas mehr darüber gehört. Da kam ihr die Großmutter zu Hilfe. Sie zog ein Buch hervor und las ihren jungen Gästen das Winterschlaflied für Igelkinder vor:

„Schlaf, kleiner Igel, schlaf jetzt ein,
die Welt wird kalt im Mondenschein.
Der Wind fährt durch die Bäume,
bringt allen Kindern Träume.
Schneeflocken decken Wiesen zu.
Schlaf, kleiner Igel, schlaf auch du!“

„Da wird man ja wirklich ganz müde, auch wenn man kein Igelkind ist!“, lachte die große Brigitte.

„Dann braucht ihr jetzt eine muntere Geschichte, eine, die euch die Müdigkeit vertreibt, und ich weiß eine!“, entschied die Großmutter.

„Aber bitte auch mit Tieren“, wünschte Felix.

„Aber ja, zumindest ein Tier ist dabei“, lachte Großmutter und dann begann sie.

Böser Hund – guter Hund

Tante Blümchen ging spazieren. Es war zwar schon sehr spät im Jahr, aber das Wetter war freundlich, der Winter schien noch in einiger Ferne.

Tante Blümchen wanderte frohgemut an einem Bach entlang, kam dann durch eine kleine Parkanlage und überlegte gerade, welche Überraschung sie ihrem Neffen, dem Piratenhäuptling Freddy, zum Geburtstag bereiten könnte, als ihr endlich eine gute Idee kam. Eine besonders gute offenbar, denn vor Freude darüber stieß sie ein lautes „Juchhe!“ aus.

Dieser fröhliche Laut aber erschreckte einen alten Herrn, der auf einer Parkbank vor sich hin döste. Er riss die Augen auf und brummte missmutig: „Was ist denn? Warum machen Sie so einen Lärm?"

„Ach, das kam nur, weil ich mich so gefreut habe", lachte Tante Blümchen.

„Dann freuen Sie sich das nächste Mal etwas leiser, damit Sie andere Leute nicht erschrecken!", knurrte der alte Griesgram.

„Es tut mir Leid, wenn ich Sie erschreckt habe", entschuldigte sich Tante Blümchen, „aber was tun Sie denn, wenn Sie sich einmal so richtig freuen?"

Der alte Herr schüttelte den Kopf. „Erstens jodle ich nicht in einer öffentlichen Parkanlage und zweitens gibt es für mich nichts zum besonders Freuen."

„Ach, Sie Ärmster!", bedauerte ihn Tante Blümchen. „Ich wünsche Ihnen, dass Sie sich einmal auch so richtig freuen können. Aber dann machen Sie es wie ich und lassen Sie ihre Freude einmal laut heraus, das tut gut!"

„Ich werde mich hüten", brummte der Herr und setzte etwas leiser hinzu: „Sie verdrehte, alte Schraube!"

Tante Blümchen aber ging beschwingt weiter und kam nach einer Weile an einem Gartentor vorbei. Da schoss plötzlich ein großer Hund bellend am Zaun hoch.

Der schwarze Zottige bellte, knurrte und zeigte seine weißen Zähne. Zuerst war Tante Blümchen etwas zusammengefahren, aber nur, weil diese Attacke so überraschend gekommen war. Sie fürchtete sich nicht vor Hunden, außerdem war ja das Gitter zwischen ihnen. So versuchte sie nur, den wilden Kläffer zu beschwichtigen. Sie sprach ruhig auf ihn ein:

„Aber, aber, was soll denn das? Siehst du nicht, dass ich eine ganz harmlose Person bin, die nur spazieren geht und bei euch bestimmt nichts forttragen will?"

Der schwarze Zottelhund knurrte noch ein bisschen, betrachtete die Frau jenseits des Gitters und wurde dann friedlicher. Tante Blümchen nickte ihm zu: „Na also, die ganze Aufregung war umsonst.

ACHTUNG!
GUTER
BÖSER
HUND

Bist doch ein guter Hund, ein freundlicher, braver Hund!"

Dann fiel ihr Blick auf das Schild, das an der Gartentür befestigt war. „Achtung, böser Hund!", stand da. Tante Blümchen schüttelte den Kopf. So ein Unsinn! Wie konnte man nur so etwas hinschreiben? Sie murmelte vor sich hin: „Da muss der arme Kerl ja böse werden, das ist mir klar!"

Sie kramte einen Stift aus der Tasche, strich das Wort *„böser"* durch und schrieb darüber *„guter"*. Dazu sagte sie:

„Und jetzt soll mir keiner sagen, dass ein guter Hund nicht auch ein wachsamer sein kann. Was meinst du dazu, mein zottiger Freund?"

Der Schwarze stand da, wedelte mit dem Schwanz und schien durchaus einverstanden.

Tante Blümchen winkte ihm zu: „Adieu, guter Hund! Wenn ich nächstes Mal vorbeikomme, unterhalten wir uns weiter. Jetzt muss ich nach Hause, ich muss noch Hemden bügeln. Leb wohl!"

Und sie trippelte eilig davon. Der Zottelhund schaute ihr nach und wedelte immer noch.

Auch der zehnjährige Miroslav, der mit seinen Eltern als Flüchtling in die Stadt gekommen war, gehörte jetzt zu den Stammgästen, die sich an den Winternachmittagen zur Erzählstunde um die Großmutter versammelten. Miroslav hatte in kurzer Zeit Deutsch gelernt und war in seiner Klasse ein guter und aufmerksamer Schüler. Da die Großmutter ihn so freundlich aufgenommen hatte, fühlte er sich hier besonders wohl und hatte sich mit dem gleichaltrigen

Zwillingspaar Tom und Ricky und auch mit Felix und dem dicken Friedl angefreundet. Heute kam er mit einem schönen, selbst gebastelten Weihnachtsstern für die Großmutter. „Habe ich für dich gemacht", verkündete er stolz.

„Oh, der ist ja wunderschön, der kommt in diesem Jahr an meinen Christbaum!", freute sie sich. Miroslav strahlte übers ganze Gesicht.

„Und kann ich auch ein Weihnachtsgedicht. Hab ich in der Schule gelernt."

„Das wollen wir dann aber alle hören, Miroslav. Warte nur, bis ein wenig Ruhe eingekehrt ist!"

Die Großmutter versorgte ihre Gästeschar, die sich um den großen Tisch drängte, mit Lebkuchen, Keksen, Obst und Fruchtsaft, und als auch Onkel Georg mit dem Schnurrbart, der als Letzter gekommen war,

Platz gefunden hatte, nickte sie Miroslav zu und sagte: „So, jetzt freuen wir uns auf dein Weihnachtsgedicht und danach gibt es wieder eine Tante-Blümchen-Geschichte.“

Das Kripperl

Das Kripperl steht im Watteschnee.
Vom Baum herüber lugt das Reh.
Ochs und Esel in dem Stall
benehmen sich wie überall:
Sie kauen voll Genuss ihr Heu
und stehen ruhig in Stroh und Streu.

Sankt Josef, bärtig, mit dem Licht
schaut hilflos drein, mehr sieht man nicht.
Maria kniet im grünen Moos,
vor ihr das Kind, so arm und bloß.

Wie soll es einst ein König werden
über Himmel und auch Erden?
Wie soll es leiden stumm und groß –
und lächelt doch auf Mutters Schoß?
Geheimnisvoll ist diese Nacht,
die uns das Licht der Welt gebracht.

Horcht! Auf dem Dach das Flügelschlagen
kommt nicht von Tauben – Engel fragen
und jubeln laut in ihrer Freud':
„Geboren ist der Heiland heut,
freut euch alle, *Er* ist da –
halle – halle – hallelujah!"

I. M. G.

Das Gewitter

Tante Blümchen fürchtete sich vor Gewittern. Das war merkwürdig, denn eigentlich war sie eine durchaus furchtlose Person. Sie spazierte stets allein durch den Wald, ließ sich weder von laut bellenden Hunden noch von pfauchenden Katzen beeindrucken und war auch sonst in jeder Lebenslage resolut und entschlossen. Nur eben die Sache mit den Gewittern ... Wenn es blitzte und donnerte, wäre sie am liebsten wie ein Mäuschen in die dunkelste Schrankecke gekrochen. Das war natürlich lächerlich, denn Tante Blümchen war ja keine Maus, sondern ein ausgewachsener Mensch.

Freddy, der Piratenhäuptling, sagte immer wieder zu ihr: „Schau, du brauchst dich wirklich nicht vor den Blitzen zu fürchten, das Haus hat doch einen ordentlichen Blitzableiter. Es kann uns gar nichts passieren!"

„Aber der grässliche Donner danach ..., vor dem fürchte ich mich ja noch mehr", wandte Tante Blümchen ein.

Da erklärte der kluge Freddy seiner alten Tante, was es mit dem Donner auf sich hatte, so wie er es in der Schule in Naturgeschichte eben gelernt hatte. Gerade dieses Fach interessierte ihn ja besonders.

Aufmerksam hörte Tante Blümchen zu. Sie nickte und meinte dann: „Ja, ja, du kannst sicher Recht haben, Freddy. Vom Wissenschaftlichen her verstehe ich es ja, aber es hilft alles nichts – ich fürchte mich trotzdem!"

Sie blickte misstrauisch zum Himmel hinauf, der sich gerade mit dunklen Wolken überzog. Sie dachte: „Hoffentlich kommt nicht jetzt ein Gewitter. Im Winter sollen sie besonders gefährlich sein!"

Es kam aber eines. So gegen vier Uhr

nachmittags wurde der Himmel blauschwarz, Windstöße ließen die Birken im Garten erzittern und dann zuckte der erste grelle Blitz durch die Düsternis. Jetzt zitterte Tante Blümchen, die allein in der Wohnung war, mindestens so wie die Birken im Garten.

„Ach du liebe Güte, das ist ja schrecklich ...", jammerte sie und breitete ein Tuch über den Vogelkäfig, in dem der gelbe Piepsi ängstlich herumhüpfte. Dann sah sie sich nach dem Kater Jeremias um, der mochte nämlich auch keine Gewitter. Aber der war verschwunden. Von ihm war kein Trost zu erwarten. Er hatte sich beizeiten im dunkelsten Kellerraum verkrochen, dort, wo ihn die Blitze und auch der Donner nicht störten. Und der weiße Spitz schlief seelenruhig auf dem Sofa. So blieb die arme Tante Blümchen tatsächlich allein und verlassen mit ihrer Gewitterangst. Als es wieder grell blitzte, schlug sie die Hände vor die Augen und jammerte laut: „Oje, oje, ist das schrecklich!"

Da läutete es an der Wohnungstür. Die kleine Susi aus dem ersten Stock stand draußen. Sie war ganz blass und stammelte:

„Tante Blümchen, ich habe solche Angst. Es blitzt so furchtbar … und der laute Donner! Die Mutti ist nicht zu Hause, ich fürchte mich so! Darf ich zu dir kommen?“

„Aber freilich, Susilein, armes Kind! Nur herein mit dir!“ Tante Blümchen zog die Kleine ins Zimmer. Da saßen sie nun

eng aneinander geschmiegt auf dem Sofa und Flora Blume redete tröstend auf Susi ein. Dabei dachte sie: „Komisch, auf einmal habe ich selber gar keine Angst mehr. Kommt das daher, weil sich das Kind so fürchtet und bei mir Schutz gesucht hat? Oder bin ich endlich vernünftig geworden – auf meine alten Tage?“

In Wahrheit aber wird es so gewesen sein: Von zwei Angsthasen muss doch immer einer ein bisschen mutiger sein, meint ihr nicht auch?

Jedenfalls fürchtet sich Tante Blümchen seit diesem Vorfall nicht mehr vor Gewittern. Oder nur noch ein wenig, und das ist immerhin ein Fortschritt, meint Freddy, der Piratenhäuptling. Er schreibt es natürlich seinen klugen Erklärungen zu.

Als sie wieder alle in Großmutters Zimmer beisammen saßen, berichtete der kleine Hansi von einer wilden Gruselgeschichte, die er irgendwo ge-

lesen hatte. Trotz der Nachmittagsstunde war es heute schon ziemlich dunkel, der Sturm, gemischt mit Regen, schüttelte die Äste der Bäume vor dem Haus, es sah draußen recht ungemütlich aus.

„Das ist das richtige Wetter für Gruselgeschichten", lachte Onkel Georg mit dem Schnurrbart, der eben eingetreten war. Er fuhr sich über die Haare, die vom Sturm zerzaust waren, glättete den dunklen Schnurrbart und umarmte dann die Großmutter. Die war, wie immer an diesen Tagen mit ihren jungen Gästen, voll fröhlicher Geschäftigkeit. Der Tisch war gedeckt, der heiße „Punsch" stand bereit, Obstschale, Kuchenteller, Keksdose – alles war vorbereitet. Sie meinte: „Gruselgeschichte habe ich zwar keine zu bieten, aber da ist mir unlängst ein gereimter Geisterspuk in die Hände

gefallen, der passt sehr gut zu dem Wetter."

Die Großmutter kramte in einer Schachtel, zog ein Blatt heraus, setzte die Lesebrille auf und begann vorzulesen. Nach diesem Geisterspuk, der sich ja als ganz harmlos herausgestellt hatte, folgte dann eine Tante-Blümchen-Geschichte, die ebenfalls etwas mit Spuk und Zauberei zu tun hatte. Die Großmutter sagte dazu:

„Ob sich diese Geschichte aber tatsächlich so zugetragen hat, dürft ihr mich nicht fragen. Darauf kann ich euch keine Antwort geben. Das scheint mir aber auch gar nicht nötig, man muss im Leben nicht unbedingt für alles eine Erklärung haben. Manchmal ist es besser, sich mit einem Fragezeichen zufrieden zu geben. Denkt daran!"

Geisterspuk

Weht im Wind ein weißes Hemd
– wi-wa-weißes Hemd –
Weht daher so leer und fremd,
weht als weißes Geisterhemd
unten an der Leine.

Dunkel wird's schon in den Bäumen
und es fliegt die Fledermaus –
Fli-Fla-Fledermaus
zwischen all den kahlen Zweigen
immer wieder ein und aus.

Wenn ich dann am Fenster steh
und mein Hemd so wehen seh,
kommt es mir gespenstisch vor,
denn mein Hemd da an der Leine –
an der li-la-langen Leine
springt und tanzt, als hätt es Beine.
Schau voll Schaudern in den Garten,
ob noch mehr Gespenster warten.

Zieh ich dann den Vorhang zu,
lässt es mir doch keine Ruh,
ob das – wi-wa-weiße Hemd,
das so leer ist und so fremd,
tanzt noch immer an der Leine.

Doch am Morgen – schi-scha-schau –
meinen Augen ich nicht trau –
liegt das Hemd, ganz brav und nett
auf dem langen Bügelbrett.
Ohne Gi-Ga-Geisterei fährt die Mutter
mit dem heißen,
schweren, großen Bügeleisen
drüber hin und lacht und spricht:
Geisterhemden gibt es nicht!

I. M. G.

Die **dritte** Kerze am Adventskranz

Wir geben zu dritt schon goldenen Schein,
wie hell wird es erst in der Christnacht sein!

Der Zauberspiegel

Tante Blümchen war eine merkwürdige Person. Sie war nicht jung und auch nicht alt, sie war weder schön noch hässlich, aber sie hatte etwas Eigenartiges an sich: Wo sie hinkam, geschahen Dinge, die sich sonst nicht ereigneten. In Tante Blümchens Nähe wurde alles anders. Oder wenigstens manches. Menschen wurden freundlicher, Tiere zutraulicher und manche Situation veränderte sich plötzlich.

Eigentlich konnte Tante Blümchen gar nichts dafür, vielleicht war ihr die Fähigkeit solcher Verwandlungen angeboren, wie abstehende Ohren oder Heuschnupfen. Darüber zerbrach sie sich jedenfalls nicht den Kopf.

Auch ihr Neffe Freddy, der Piratenhäuptling, mit dem sie sich so gut verstand, grübelte darüber nach. Er liebte seine Tante und kam, so oft es nur ging, bei ihr vorbei.

Warum er Piratenhäuptling hieß, habe ich noch nicht erklärt. Das kam daher, weil er im Sommer die Seeschlacht auf der „Krotenlache" hinter der Hecke gewonnen hatte. Sein Piratenschiff war ein alter Waschtrog gewesen, als Munition hatten sie Tannenzapfen verwendet. Es war eine tollkühne Aktion und alle Beteiligten waren am Ende patschnass geworden. Da der Tag sehr warm war, hatte es aber keinem geschadet. Tante Blümchen war durch das Kampfgeschrei aufmerksam geworden und hatte dann vom Ufer aus aufgeregt zusehen müssen. Natürlich war auch Freddys bester Freund, Tommi Kaukau, beteiligt gewesen, und so lernte Tante Blümchen auch Tommi kennen. Freddy aber wurde zum Piratenhäuptling ernannt.

Eines Tages nun, im Herbst, kam Tante Blümchen mit einem alten Spiegel vom

Trödelmarkt heim. Sie liebte alte, ja uralte Sachen und das Herumstöbern auf dem Trödelmarkt war für sie immer ein besonderes Vergnügen.

Der Spiegel, den sie erstanden hatte, steckte in einem geschnitzten Holzrahmen, auf dem noch Reste einer Goldfarbe zu sehen waren. Das Spiegelglas war grünlich verfärbt und verzerrte die Bilder, die er zurückwarf. Gerade das gefiel Tante Blümchen, es machte das Ganze etwas geheimnisvoll.

Zu Hause schaute sie also in den Spiegel und dabei kam ihr der Gedanke, wie schön es doch wäre, wenn man in dem Spiegelglas Dinge sehen könnte, die man sich plötzlich wünscht. Das könnte doch sehr lustig sein! Tante Blümchen lachte und rief:

„Ich würde mich jetzt gerne einmal als Kaninchen sehen!" Was geschah? Es war wirklich verblüffend und unerklärlich – aus dem grünlichen Spiegel blickte ihr ein liebes, kleines Kaninchen mit runden Augen und aufrecht stehenden rosa Oh-

ren entgegen. Tante Blümchen musste tief Luft holen vor Überraschung. Sie freute sich wie ein Schneekönig. „Das klappt ja fabelhaft!", rief sie. Und dann kam ihr nächster Wunsch:

„Ein Eichkätzchen! Ich möchte mich als Eichkätzchen sehen, aber mit meinem neuen Federhut auf dem Kopf und dem Seidenschal!" Es funktionierte wieder tadellos und gerade als Tante Blümchen einen dritten Wunsch aussprechen wollte, sich als einen der sieben Zwerge neben Schneewittchen zu sehen, klopfte es und Freddy stapfte herein. Er war wieder einmal draußen auf der nassen Wiese herumgelaufen und hatte sich die Schuhe nicht ordentlich abgeputzt. Kotige Spuren blieben auf dem Fußboden zurück.

„Aber Freddy, weißt du, wie du mir vorkommst?", rief Tante Blümchen empört. „Schau doch einmal in den Spiegel – genau das bist du nämlich!"

Ahnungslos starrte der Piratenhäuptling in den alten Spiegel. Und dann prallte er zurück. Was war denn das? Ein über und über schmutziges Ferkel schaute ihm entgegen. Entsetzt griff er sich an den Kopf. Doch da gab es – Gott sei Dank – keine Schweineohren, keinen Schweinerüssel …

„Donnerwetter, du kannst einem ja Angst einjagen, Tante! Wie machst du das bloß?"

Kopfschüttelnd ging er hinaus zur Fußmatte und putzte sich die Stiefel ordentlich ab.

Das Geheimnis des alten Spiegels aber konnte er nicht ergründen. Sicher hatte der einmal vor langer Zeit einem Zaubermeister gehört!

Ich wünsche mir dieses Jahr zu Weihnachten ein Fahrrad!", verkündete der kleine Hansi. Er kam als Jüngster der Runde mit seinem großen Bruder, dem langen Paul, zur Großmutter.

„Ein Fahrrad? Das ist aber ein teures Geschenk", gab Marlies, seine Kusine, zu bedenken.

„Das schon. Aber es ist ja nicht nur ein Weihnachtsgeschenk, sondern auch noch für meinen Geburtstag!" Hansi sah Hilfe suchend zu seinem Bruder auf. Der nickte und erklärte:

„Geburtstag und Namenstag und Weihnachten, alles in einem. Er ist am 25. Dezember geboren und am 27. ist das Fest seines Namenspatrons Johannes – es fällt halt alles zusammen." Der lange Paul grinste und Hansi rief aufgeregt:

„Stellt euch nur vor – Weihnachten und Geburtstag und Namenstag!

Das muss sich doch für ein tolles Fahrrad mit Gangschaltung ausgehen ..."

Jetzt lachten alle. Die Großmutter aber legte den Arm um seine Schultern und sagte ganz ernsthaft:

„Ich glaube schon, Hansi, dass zu einem dreifachen Festtag so ein Wunsch erfüllt werden könnte. Jedenfalls hoffe ich es für dich!"

Hansi schien etwas beruhigt, die Großmutter musste es eigentlich wissen. Und während er nach einer Orange griff, meinte er: „Kannst du vielleicht eine Geschichte erzählen, in der ein Fahrrad vorkommt? Das würde mich freuen."

Die Großmutter lächelte. „Aber ja. Tante Blümchen hatte auch einmal mit einem Fahrrad zu tun, und das war eine sehr komische Geschichte. Die sollt ihr jetzt hören!"

Frohe Zeit

Frohe Zeit der Kinderträume
in der langen Nacht.
Frohe Zeit der bunten Wünsche,
die der Traum mit sich gebracht.
Frohe Zeit für dich und mich,
geheimnisvoll und weihnachtlich!

Der Fahrraddieb

Tante Blümchen ging durch die engen Straßen der kleinen Stadt. Ihre Gedanken waren ganz woanders. Sie überlegte, was sie denn für das Geburtstagsessen des Piratenhäuptlings einkaufen sollte. Ihr Neffe Freddy hatte ja bald seinen zehnten Geburtstag und das sollte doch besonders gefeiert werden. Viele Gedanken gingen der guten Tante Blümchen durch den Kopf, manche gefielen ihr, manche weniger. Sie konnte sich nicht so recht entschließen. Vor lauter Überlegungen achtete sie nicht auf den Weg und – rums! – da war sie an einen sperrigen Gegenstand gestoßen. Es war die Lenkstange eines Fahrrades, das jemand unachtsam mitten auf dem engen Gehsteig abgestellt hatte.

Das Rad fiel um und Flora Blume rieb sich den Ellbogen, den sie sich angestoßen hatte. Sie konnte das Fahrrad natürlich nicht so mitten am Weg liegen lassen. So hob sie es auf und wollte es wieder an die Hausmauer lehnen, als ein dicker Mann mit einem roten Gesicht aus der gegenüberliegenden Tür gestürzt kam. Offenbar war er gerade beim Essen, denn er kaute mit vollen Backen und eine lange Nudel hing ihm vom Kinn bis zum offenen Hemdkragen hinunter. Er schnaufte: „Haltet den Dieb! Haltet den Dieb!"

Tante Blümchen schaute sich um, sie sah keinen Dieb. Niemand rannte davon. Ein Mann und eine Frau in der Nähe blieben stehen und sahen neugierig herüber.

Der dicke Nudelesser aber kam drohend auf Tante Blümchen zu. Meinte er *sie?* Sie hatte ja die Hände noch auf der Lenkstange, weil sie das Rad gegen die Wand gelehnt hatte. Rasch zog sie die Hände zurück. Ihr Gesicht wurde rot wie eine Mohnblume, so erschrak sie über den Verdacht. Sie stotterte:

„Das Fahrrad ist umgefallen, ich bin dagegengestoßen, weil es nicht ordentlich abgestellt war. Und jetzt wollte ich es nur aufheben ..."

„Ja, ja, das kann jeder sagen!", schrie der Dicke. „Sie sollten sich schämen, sie alte diebische Elster! Das Fahrrad ist mir schon einmal gestohlen worden. Ich zeige Sie an ... jawohl!"

Tante Blümchen atmete tief durch, um sich von dem Schreck zu erholen. Diese Verdächtigung empörte sie. Mit blitzenden Augen stand sie dem Nudelesser gegenüber.

„Was fällt Ihnen denn ein, mich so zu verdächtigen? Ich habe Ihr Fahrrad nicht stehlen wollen! Ich brauche es wirklich nicht. Ich kann nicht einmal Rad fahren. Aufgehoben habe ich es, weil es mitten im Weg lag. Wischen Sie sich lieber die Nudel vom Kinn, bevor Sie so wütend auf harmlose Leute losgehen!"

So, nun hatte Tante Blümchen ihrer

Empörung Luft gemacht. Der Dicke glotzte sie verdutzt an. Er wischte sich die Nudel vom Kinn und knurrte:

„Das wird sich ja herausstellen, gute Frau, ob Sie wirklich so harmlos sind, wie Sie tun …" Und weil er sah, dass gerade ein Wachtmeister um die Ecke kam, wandte er sich an ihn.

„Herr Wachtmeister, diese Person war gerade dabei, mein Fahrrad zu stehlen!"

Der Wachtmeister kam näher. Streng blickte er von einem zum anderen und fragte dann: „Was ist hier los? Wer wollte Ihr Farrad stehlen?" Tante Blümchen atmete noch einmal ganz tief durch, zwang sich ruhig zu bleiben und sagte:

„Ich heiße Flora Blume, bin Pensionistin und wohne in der Ulmenstraße 10. Ich habe noch nie in meinem Leben etwas gestohlen, davon können Sie sich leicht überzeugen. Dieses Fahrrad war so unachtsam gegen die Mauer gelehnt, dass es umgefallen ist, als ich vorbeigegangen bin. Ich wollte es nur aufheben …"

„Nur *aufheben* – das sind dumme Ausreden!“, schrie der Dicke dazwischen. Der Wachtmeister zückte Notizblock und Bleistift, um den Tatbestand festzuhalten. „Gibt es Zeugen für den Vorfall?“, fragte er in amtlichem Ton.

„Ja, mich“, meldete sich ein hagerer Bursche mit struppigen Haaren, der plötzlich aufgetaucht war. Tante Blüm-

chen war überrascht. Der Bursche grinste sie an und bestätigte dann:

„Diese Dame sagt die Wahrheit. Ich habe gesehen, wie das Fahrrad umgefallen ist und sie es wieder aufgehoben hat."

„Dann ist der Fall ja erledigt", nickte der Wachtmeistesr und zu dem Dicken gewandt sagte er streng: „Stellen Sie Ihr Fahrrad das nächste Mal nicht auf dem schmalen Gehsteig ab und sichern Sie es. Haben Sie verstanden?"

Der Dicke schnaufte empört. Das war ihm gar nicht Recht. Aus dem Fenster gegenüber rief jetzt eine schrille Frauenstimme:

„Otto, wo bleibst du denn so lange? Komm schon, die Nudeln werden ja kalt!"

Da warf er noch einen bösen Blick auf Tante Blümchen und schlurfte brummend in den Hausflur zurück.

Tante Blümchen aber konnte ihres Weges gehen und sie tat es mit erleichtertem Herzen. Der hagere Bursche mit den struppigen Haaren folgte ihr um die nächste Ecke. Er pfiff dabei vor sich hin. Als er sie überholte, grinste er ihr zu und flüsterte:

„Vielleicht können wir nächstes Mal zusammenarbeiten? Auf Fahrräder bin ich nämlich spezialisiert, verstehen Sie, gute Frau?"

Da verschlug es Tante Blümchen tatsächlich die Sprache. Was hätte sie dazu auch sagen sollen?

Großmutter, meine Hände sind so kalt, hast du nicht einen heißen Bratapfel für mich?" Mit diesen Worten stürmte der kleine Hansi ins Wohnzimmer der Großmutter. Die lachte und nahm seine kleinen roten Hände in ihre großen warmen.

„Aber ja, Hansi, gleich wird dir wieder warm sein! Warum ziehst du denn bei diesem Wetter nicht deine Wollfäustlinge an?" Hansi zuckte die Achseln. „Hab sie vergessen. Aber jetzt wird mir schon wieder warm."

„Ja Herrschaften, es ist Winter und da gehört eben die Kälte dazu", dröhnte Onkel Georg mit dem Schnurrbart vergnügt. „Dabei fängt ja der Winter nach dem Kalender erst am 22. Dezember an. Bis dahin sind es doch noch zwei Wochen!"

Onkel Georg war heute etwas zeitiger gekommen, weil er mit der Großmutter alleine reden wollte. Nach und nach trudelten aber jetzt die anderen ein: die Mädchen Annemarie, Brigitte und Marlies, dann Felix mit Miroslav, die Zwillinge und zuletzt der dicke Friedl.

Als sie alle zufrieden um Großmutters runden Tisch saßen und die Schüssel mit Bratäpfeln Wärme und Duft verbreitete, sagte die Großmutter: „Weil Onkel Georg eben vom Winter gesprochen hat, der zwar noch nicht offiziell da ist, den wir aber heute schon spüren, soll er uns – bevor ich mit meiner Geschichte beginne – zuerst das gute alte Gedicht von Matthias Claudius vorlesen aus meinem Schullesebuch. Es heißt ‚Lied, hinterm Ofen zu singen'. Das passt doch ausgezeichnet, auch wenn wir nicht hinter einem Ofen, sondern bei der Zentralheizung sitzen!"

Sie nickte Onkel Georg zu und der schlug das Buch auf.

Lied, hinterm Ofen zu singen

Der Winter ist ein rechter Mann,
Kernfest und auf die Dauer,
Sein Fleisch fühlt sich wie Eisen an,
Und scheut nicht süß noch sauer.

Er zieht sein Hemd im Freien an,
Und lässt's vorher nicht wärmen,
Und spottet über Schmerz im Zahn
Und Kolik in Gedärmen.

Aus Blumen und aus Vogelsang
Weiß er sich nichts zu machen,
Hasst warmen Drang und warmen Klang
Und alle warmen Sachen.

Wenn Stein und Bein vor Frost zerbricht
Und Teich und Seen krachen,
Das klingt ihm gut, das hasst er nicht,
Dann will er tot sich lachen.

Da ist er dann bald dort, bald hier,
Gut Regiment zu führen.
Und wenn er durchzieht, stehen wir,
Und sehn ihn an und frieren.

Matthias Claudius

Die **vierte** Kerze am Adventskranz

Jetzt strahlen wir alle am grünen Kranz,
die Welt ist voller frohem Glanz.

Wo ist der Schlüssel?

Tante Blümchen, die sonst stets Fröhliche und Hilfsbereite, war verzweifelt. Sie suchte schon seit Stunden einen Schlüssel. Einen wichtigen Schlüssel, der doch sonst immer ordentlich an ihrem Schlüsselbrett hing. Jetzt war er nicht da und sie konnte ihn auch nirgendwo finden.

Als der Piratenhäuptling seinen Kopf zur Tür hereinstreckte, jammerte sie: „Ach, Freddy, ich kann meinen Schlüssel nicht finden. Ich bin schon ganz dumm im Kopf vor lauter Suchen. Er ist weg, einfach weg und gestern Abend war er doch noch da!"

Sie schaute ratlos und verzweifelt drein. Freddy aber grinste: „Der Schlüssel versteckt sich nur vor dir. Je mehr du suchst, desto besser versteckt er sich. Das haben die Dinge so an sich!"

„Lass deine dummen Sprüche! Heute ist mir nicht nach Späßen zu Mute", rief Tante Blümchen und drehte zum fünften Mal ihren Nähkorb um. An wie viel möglichen und unmöglichen Stellen hatte sie bereits gesucht – ohne Erfolg! Sie hatte in Manteltaschen gekramt, Handtaschen, Schubladen und Körbe geleert. Im Keller, in der Speisekammer, im Apothekerkästchen nachgesehen, hinter der Kaffeebüchse, im Wäschekasten – alles war ergebnislos geblieben. Vor lauter Suchen fühlte sie sich schon ganz elend.

Schließlich hatte sie sogar dem heiligen Antonius eine Kerze angezündet. Er war ja bekannt dafür, dass er den Menschen half, verlorene Dinge wieder zu finden. Aber entweder war der heilige Antonius heute mit Aufträgen überlastet, oder er befasste sich nicht mit so nebensächlichen Kleinigkeiten. Der Schlüssel am roten Band blieb verschwunden.

Dem Piratenhäuptling tat die verzweifelte Tante Blümchen Leid. Wie konnte er ihr nur helfen? Gesucht hatte sie ja nun wahrlich genug. Da fiel ihm etwas ein:

„Pass auf! Ich verrate dir einen Trick, der mir schon oft geholfen hat. Du musst einfach so tun, als ob du das, was du nicht finden kannst, gar nicht brauchst. Denk einfach eine Weile nicht daran. Das hilft. Der Schlüssel wird dann aufhören, sich zu verstecken!"

Tante Blümchen blickte Freddy entgeistert an. „Meinst du das im Ernst? Also, probieren kann ich das ja einmal. Wenn ich es mir recht überlege, dann brauche ich diesen dummen Schlüssel jetzt wirklich nicht so dringend. Der kann sich ruhig noch eine Weile verstecken. Meinetwegen, soll er doch! Ich höre auf, ihn zu suchen."

„Bravo, Tante Blümchen! Dann hörst du auch auf, dich darüber zu ärgern, und kannst mir einen Kakao machen und ein Stück Kuchen abschneiden – ich habe nämlich schrecklichen Hunger."

Tante Blümchen lachte: „Aber mit Ver-

gnügen, Priatenhäuptling, ich kann dich doch nicht verhungern lassen!"

Der warf seine Schultasche, die wieder einmal voll gestopft war, auf die Sitzbank in der Küche und lümmelte sich so recht bequem daneben. Da drückte ihn etwas unter der Sitzfläche. Etwas Hartes, Kleines war es. Er griff danach – und hielt einen Schlüssel an einem roten Band hoch.

„Ist er das?", rief er. Tante Blümchen stieß einen Schrei aus: „Mein Schlüssel! Da ist er ja – und ich habe ihn so lange gesucht!"

„Siehst du, ich habe Recht gehabt, mein Trick funktioniert. Der Kerl hat keinen Grund mehr gehabt, sich vor dir zu verstecken!" Freddy konnte seinen Stolz nicht unterdrücken, denn Tante Blümchen lobte ihn überschwänglich und rief glücklich: „Dein Trick ist goldrichtig, den werde ich mir bestimmt merken – vielen Dank!" Und sie hängte den kleinen Schlüssel am roten Band wieder zurück auf seinen Platz am Schlüsselbrett.

Es geht zwar schon sehr auf Weihnachten zu, aber ich muss heute doch noch eine Sommergeschichte von Tante Blümchen erzählen. Ich meine eine Geschichte, die nicht im Winter spielt. Aber wenn ich es so recht überdenke, passt sie doch gut in die Weihnachtszeit, weil sie voll von Fürsorge, Wärme und Liebe ist", sagte die Großmutter, nachdem sie ihre jungen Gäste begrüßt hatte.

„Und wie heißt diese Geschichte?", wollte Miroslav wissen.

„Als Überschrift würde ich vorschlagen: ‚Tante Blümchen und die Ente'."

„Die Ente?" Erstaunte Gesichter blickten zu ihr auf. Marlies lachte: „Was hat eine Ente mit Weihnachten zu tun?"

„Na, so schwer ist das gar nicht zu beantworten", schmunzelte Onkel Georg mit dem Schnurrbart. „Gebra-

ten auf der Festtafel, appetitlich angerichtet ...“

„Eben nicht“, warf die Großmutter ein. „Diesmal ging es um etwas anderes. Hört mir zu, wie die gute Tante Blümchen ihr Entenproblem gelöst hat.“

Das wollten natürlich alle, die rund um Großmutters Tisch saßen und Lebkuchen knabberten, gerne wissen, und so fing Großmutter gleich an zu erzählen.

Tante Blümchen und die Ente

Es klopfte an Tante Blümchens Tür. Als sie öffnete, stand ein junger Mann da und hielt einen Korb in der Hand. Er streckte ihn ihr entgegen.

„Das soll ich bei Ihnen abgeben", sagte er. „Es ist von der Frau Wiesinger, der Resi. Und schöne Grüße soll ich ausrichten – und Sie sollen sich den Braten gut schmecken lassen!" Die Resi Wiesinger, Bäuerin auf einem stattlichen Hof, war eine Schulfreundin von Tante Blümchen. Sie sahen einander zwar nur selten, aber die Freundschaft war geblieben über viele Jahre.

Der junge Mann stellte den Korb auf den Küchentisch, grüßte und ging seines Weges.

Tante Blümchen war überrascht und

gerührt. Die gute Resi hatte wieder einmal an sie gedacht! Sie öffnete den Korb, der mit einem Deckel verschlossen war, und fuhr erschrocken zurück. Eine junge schneeweiße Ente streckte ihr den Kopf entgegen und schnatterte aufgeregt: Wa, wa, wa ... wa, wa, wa ... Es klang wie eine Frage und Tante Blümchen verstand es auch so. Ratlos sagte sie:

„Ja, was soll denn jetzt mit dir geschehen?" Wa, wa, wa ... Die Ente schaute sie so vertrauensvoll an, dass Tante Blümchens Herz schwer wurde. „Hab keine Sorge, ich tu dir bestimmt nichts. Was soll wirklich mit dir geschehen, kleines Wackelinchen?"

Sie streichelte das seidenglatte Gefieder und der kleine weiße Kopf schmiegte sich in ihre Hand. So wurde Wackelinchen, wie Tante Blümchen sie nannte, eine neue und freundliche Hausgenossin. Es ist unnötig zu sagen, dass es ihr im neuen Heim vortrefflich ging. Sie bekam einen Trinknapf, eine stets gefüllte Futterschüssel und durfte in der Badewanne planschen. Wenn sie müde war und schlafen wollte, hatte sie ein Nest aus einem alten Wollschal in der Küche. Ansprache hatte sie auch, denn Tante Blümchen unterhielt sich mit ihr in der Enten-wa-wa-Sprache.

Leider ging das aber auf die Dauer doch nicht so gut, denn eine Küche ist

nun einmal kein Entenstall und eine Badewanne kein Ersatz für einen Teich. Und schon gar nicht in der blitzsauberen Wohnung von Flora Blümchen. Also musste sie sich etwas anderes einfallen lassen!

Sonnenschein und grünes Gras lockten, das arme Wackelinchen konnte doch nicht ständig eingesperrt sein. So beschloss Tante Blümchen, ihrem gefiederten Schützling die Freiheit zu geben.

Sie packte Wackelinchen wieder in den Korb, erzählte ihm, dass es ganz in der Nähe einen Teich gäbe, in dem Wasservögel hausten, und trug es hinaus. Die Ente schnatterte freudig, als der Korb dann wieder geöffnet wurde. Hei, wie lockten Wasser und Wiese und sandiges Ufer! Schnell, nur schnell watschelte sie der Wasserfläche entgegen.

Froh und gerührt stand Tante Blümchen am Ufer. Sie rief ihrem Wackelinchen noch nach: „Ich komme dich jeden Tag besuchen und bringe dir Futter mit, hörst du!"

So geschah es auch pünktlich: Jeden Vormittag stand am Ufer eine Futterschüssel bereit, über die sich Wackelinchen freudig hermachte. Sie teilte das Futter aber auch friedlich mit ihren neuen Gefährten, einer Wildentenfamilie mit vielen kleinen gelben Entlein, und darüber freute sich Tante Blümchen ganz besonders.

Ich habe so viele Wünsche für Weihnachten und ich weiß doch, dass nur ein paar davon in Erfüllung gehen können!", seufzte die große Brigitte, als vom bevorstehenden Fest die Rede war.

„Wie klug von dir, meine Liebe, dass du das einsiehst", lächelte die Großmutter. „Damit ersparst du dir dann Enttäuschungen und kannst dich an den erfüllten Wünschen besonders freuen."

Felix, der Schlaue, aber meinte: „Wenn ich meinen Wunschzettel schreibe, dann unterstreiche ich mit dem Rotstift drei der wichtigsten Wünsche, damit das Christkind gleich Bescheid weiß."

„Macht auch Freude, wenn ist etwas Überraschung. Ich meine, was nicht steht auf Wunschzettel", gab Miroslav zu bedenken. „Damit hast du sehr Recht! Du bist ein kluger Junge, Miroslav", lobte die Großmutter. Sie wusste, in welch bescheidenen Verhältnissen die Familie lebte, und nahm sich vor, heimlich so ein Überraschungspäckchen bei Miroslavs Mutter abzugeben.

So sprach und debattierte man noch lange über Wünsche, das war ja jetzt vor dem Weihnachtsfest ein interessantes Thema. Als dann aber der kleine Hansi, unterstützt von den Zwillingen Tom und Ricky, energisch *nach einer Tante-Blümchen-Geschichte verlangte, nickte die Großmutter und sagte nachdenklich: „Da will ich euch heute eine Geschichte erzählen, die auch mit dem Wünschen zu tun hat, nur in einer anderen Form. Kennt ihr den Glauben mancher Menschen, dass man sich beim Anblick einer Sternschnuppe am Nachthimmel etwas wünschen kann, das dann in Erfüllung gehen soll?“*

Die Großmutter blickte in die neugierigen Gesichter ringsum und begann mit ihrer Geschichte.

Sternschnuppen

Freddy, der Piratenhäuptling, stürmte ins Zimmer. Tante Blümchen war das von ihm schon gewohnt. Atemlos rief er: „Hast du schon einmal eine Sternschnuppe gesehen?"

Tante Blümchen lachte: „Natürlich, Freddy, ich habe schon öfter Sternschnuppen beobachtet."

„Und hast du dir dabei immer etwas gewünscht?"

„Nicht immer, aber oft."

„Und ist es auch in Erfüllung gegangen?"

„Manchmal", sagte Tante Blümchen versonnen und zupfte ein paar welke Blätter von ihrem Blumentischchen.

„Nur manchmal?" Der Piratenhäuptling schien enttäuscht.

„Ach weißt du, so genau kann man das bei diesen Wünschen nie sagen", meinte Tante Blümchen und dann erklärte sie, dass sie sich einmal beim Anblick einer Sternschnuppe gewünscht habe, der Zahnarzt möge ihr am nächsten Tag nicht allzu sehr wehtun. Das war nun in Erfüllung gegangen, weil der Zahnarzt am nächsten Tag verhindert war und die Ordination abgesagt wurde. Tante Blümchen lachte.

„Siehst du, Freddy, obzwar der Wunsch in Erfüllung gegangen ist, blieb mir die leider notwendige Behandlung doch nicht erspart. Es geschah eben an einem anderen Tag."

„Also, ich weiß, was ich mir wünsche, wenn ich heute Abend eine Sternschnuppe sehen sollte ...", rief Freddy.

„Na, was denn?"

„Dass ich bei unserem Fußballmatch am Sonntag mindestens drei Tore schieße!"

„Ist das nicht etwas unbescheiden?", lächelte Tante Blümchen. Freddy schüttelte den Kopf. „Wieso denn? *Ein* Tor schieße ich ja auf jeden Fall, dazu brauche ich keine Sternschnuppe. Aber drei Tore hintereinander – das wäre schon was! Leider weiß ich ja nicht, ob ich heute überhaupt eine Sternschnuppe sehen kann!"

„Vielleicht doch, die Zeit ist jetzt gerade günstig", meinte Tante Blümchen. „So um die Mitte des Monats August ziehen ja ganze Schwärme von Sternschnuppen über den Himmel. Sternklar, also ohne Wolken, ist es ja heute auch."

Natürlich wollte Freddy jetzt wissen, warum das im Sommer um diese Zeit geschah, und das erzählte ihm Tante Blümchen dann auch. Sie kannte sich in derlei Dingen ja gut aus. So hörte der Piratenhäuptling, dass diese Sternschnuppenschwärme seit jeher „Laurentiustränen" genannt wurden. Das erstaunte ihn sehr, davon hatte er noch nie etwas gehört.

„Und wer ist dieser Herr Laurentius überhaupt? Und warum weint er am Himmel?" Das wollte Freddy jetzt genau wissen. Weil aber Kater Jeremias frech auf dem Tisch zwischen der Teekanne und der Zuckerdose herummarschierte und Tante Blümchen ihn erst von dort entfernen musste, kam das Gespräch etwas ins Stocken. Der Piratenhäuptling ließ aber nicht locker und so erfuhr er dann auch die Geschichte des heiligen Laurentius.

Er war ein römischer Märtyrer gewesen, dessen Namenstag man am 10. August feiert. Weil nun gerade um diese Zeit viele Sternschnuppen am Nachthimmel zu sehen waren, brachte man sie mit dem Heiligen in Verbindung und so entstand die Geschichte, dass Laurentius goldene Tränen – eben die Sternschnuppen – weine.

Freddy hatte sich alles aufmerksam angehört, dann schüttelte er den kurz geschorenen Kopf.

„Warum erzählt man nur immer so traurige Geschichten von den Sternen? Lustige täten mir besser gefallen!"

Da lachte Tante Blümchen: „Dann

musst du dir eben selber welche ausdenken, Freddy. Es steht dir ja frei, die Sterne werden es dir bestimmt nicht übel nehmen! Und – wer weiß – vielleicht erfüllt der gute Laurentius mit der nächsten Sternschnuppe einen deiner Wünsche?"

Sie verabredeten sich am Abend, nach dem Dunkelwerden zusammen Sternschnuppenschauen zu gehen.

Ob dem Piratenhäuptling dabei eine lustige Geschichte eingefallen ist, weiß ich nicht. Aber vielleicht ist sein Wunsch beim Fußballmatch in Erfüllung gegangen – wenigstens mit zwei gelungenen Toren!

Heute, meine Lieben, muss ich das Vorlesen unserem Onkel Georg überlassen", sagte die Großmutter, als ihre jungen Gäste eingetroffen waren. „Ich habe Nussplätzchen im Backrohr und um die muss ich mich kümmern. Sie sind mir schon einmal angebrannt!" Die Großmutter hantierte geschäftig in der Küche und hatte ganz rote Backen vor Eifer.

„Was? Und da gibt es heute keine Tante-Blümchen-Geschichte?" Der kleine Hansi war enttäuscht. Aber Ricky tröstete ihn.

„Warte es nur ab. Onkel Georg mit dem Schnurrbart weiß bestimmt etwas Nettes!"

„Dein Vertrauen ehrt mich", lachte Onkel Georg. „Ich werde mich jedenfalls bemühen, die weihnachtliche Stimmung, zu der jetzt der Duft von Großmutters Nussplätzchen beiträgt, zu erhöhen. So kurz vor dem

Heiligen Abend will ich euch zuerst einmal ein Gedicht vorlesen, in dem das Geschehen im Stall von Bethlehem von den Tieren, also von Ochs und Esel, betrachtet wird. Und dann gibt es eine Geschichte, die mir meine Mutter erzählt hat. Sie handelt ebenfalls von einer Krippe. Oder besser gesagt, von alten, längst vergessenen Krippenfiguren, die auf dem Dachboden gefunden wurden. Ich hoffe, ihr seid einverstanden?"

„O ja, fein, dann wird es wirklich ganz weihnachtlich ...", freute sich Marlies. Der süße Duft aus der Küche war aber auch sehr anregend. Ja, es wurde heute sehr weihnachtlich ...

Ochs und Esel in der Nacht ...

Wir, Ochs und Esel in der Nacht,
wir haben für das Kind gewacht.
Wir starrten in den hellen Schein,
da lag das Kind so winzig klein.
Da sangen Engel nah und fern,
stand überm Dach der Silberstern.
Wie sollten wir nur dies Geschehen
in unsrer Einfalt recht verstehen?
Wir, Ochs und Esel in der Nacht,
da wir für jenes Kind gewacht.

Denkt doch, ihr Leut' bei eurem Singen,
wenn Glocken, Weihnachtslieder klingen
zu *Seiner* Ehr' nach altem Brauch:
Der Atem, unser warmer Hauch,
war alles, was wir *Ihm* einst gaben.
Die Einfalt unsrer Herzen sollt ihr haben
in dieser Zeit. Oh, denkt daran,
was wir Geringes *Ihm* getan,
wir, Ochs und Esel in der Nacht,
da wir für jenes Kind gewacht.

I. M. G.

Ein altes Kripplein

Ich hatte es beim Aufräumen in der Bodenkammer gefunden. Unter Staub und Spinnweben, im Dämmerlicht fast unkenntlich. Nur der verbogene Metallstern am Dach und ein Spruchband, das zwei angeschlagene Engel hielten, machten mich auf das unförmige Ding aufmerksam. Ich stellte es zur Seite, es fiel mir ein, dass wohl noch etliche Figuren zu dieser Krippe vorhanden sein müssten, und fuhr in meiner Aufräumearbeit fort.

Rings um mich türmte es sich: alte Koffer, wacklige Tischchen, erblindete Spiegel, rahmenlose Bilder, bilderlose Rahmen, Körbe, Schachteln, Ofenrohre … Ich machte mir so meine Gedanken angesichts dieser Sammelstätte des Unbrauchbaren, dem Zeugnis menschlichen Undanks in Staub und Mottenfraß. Und dann hielt ich plötzlich eine Puppe mit einem fehlenden Bein in der Hand. Lola, es war meine einst heiß geliebte Lola! Unter dem Christbaum war sie gesessen, in einem rosa gehäkelten Kleidchen. Die Händchen hatte sie mir entgegengestreckt. Wie lange war das jetzt her? Einige Jahrzehnte.

Ich kauerte am Boden vor dem alten Koffer, kramte darin herum und versank in meine Kindheit. So förderte ich auch eine verbeulte Botanisiertrommel ans Licht. Ein Unikum! Die hatten früher, als meine Eltern noch klein waren, artige Kinder an einer Kordel um den Hals hängen bei Spaziergängen im Grünen. Pflanzen, Schnecken und anderes aus der Natur wurde darin gesammelt. Aber mein Bruder und ich, wir pflegten Mistkäfer, Heuschrecken und schwarze Schnecken – zum Entsetzen unserer Mutter – in der hohlen Hand zu befördern, oder in den Hosentaschen.

Da die alte Botanisiertrommel merkwürdig schwer war, öffnete ich sie und zog ein längliches, in Packpapier verschnürtes Päckchen heraus. Neugierig ging ich damit zum Bodenfenster. Ich entzifferte mühsam eine verblasste Aufschrift: „Figuren zur Weihnachtskrippe". Darunter stand – es war schwer zu lesen –: „Diese Krippe hat mein seliger Vater, der bürgerliche Drechslermeister J. H. zu Asch in Böhmen im Jahre 18.." – die Jahreszahl war nicht mehr zu entziffern – „für seine Kinder angefertigt." Darunter stand der Name meiner längst verstorbenen Großmutter.

Vorsichtig löste ich die Verschnürung. Kleine Holzfiguren, zum Teil noch bunt bemalt, löste ich aus dem Papier. Hirten und Bauern waren es, Maria mit dem Jesuskind, den bärtigen Josef, die drei Könige aus dem Morgenland, einen Dudelsackbläser, Esel und Öchslein, einen Mohrenknaben ...

Eine zauberhafte kleine Welt war plötzlich rund um mich erwacht. Ich konnte nicht anders: Ich holte das Krippengehäuse herbei, säuberte es notdürftig, bog den Stern zurecht und stellte ein Figürchen nach dem anderen hinein und davor. Bald war die Krippe von wundersamem Leben erfüllt. Da war ein geschäftiges Treiben von Hirten und jenen, die da kamen, um das Kind anzubeten. Und in der Mitte das Christwunder – die Mutter mit dem neugeborenen Kind. Etwas abseits der bärtige Josef mit der Laterne in der Hand. Nur gab die Laterne kein Licht!

Um alles besser zu sehen, zündete ich eine Kerze an, die ich in die Bodenkammer mitgenommen hatte. Ihr flackernder Schein erzeugte bewegte Schatten in der kleinen Welt vor mir. Ich kniete versunken vor dem alten Lehnstuhl, auf dem ich das Kripplein des Urgroßvaters aufgebaut hatte. Jetzt konnte ich auch die Worte auf dem vergilbten Spruchband lesen, das die Engel vor dem Dach hielten:

„Ehre sei Gott in der Höhe
und Friede den Menschen auf Erden!"

Es war ein echtes großes Weihnachtserlebnis, einige Tage vor dem Fest, das ich dem unbekannten Urgroßvater verdankte.

Die alte Holzkrippe hat jetzt einen Ehrenplatz in unserer Familie bekommen.

Erwartungsvoll waren alle Augen auf die Großmutter gerichtet. Heute, so kurz vor den Festtagen, hatte sie eine besondere Weihnachtsgeschichte angekündigt. Eine, die sich tatsächlich zugetragen hatte, als sie etwa so alt war wie die Zwillinge Tom und Ricky. Darauf waren sie natürlich neugierig.

„Vor vielen Jahren gab es einen Weihnachtsabend, den wir Alten nie vergessen werden", begann die Großmutter. „Damals waren wir Kinder, auch Tante Blümchen, von der ich euch schon viel erzählt habe. Die Geschichte, die sie an jenem Abend erlebt hat, hat sie mir einmal selbst erzählt. Ich will sie ‚Herbergsuche' nennen und deshalb passt sie so gut in die Weihnachtszeit und soll auch heute für uns den Abschluss bilden."

Herbergsuche

Der Krieg war zu Ende. Viel Not und Leid war über die Menschen gekommen. Es war ein kalter Winter. Die Häuser, die noch von den Fliegerbomben und Kämpfen beschädigt waren, konnten kaum beheizt werden. Es mangelte an Strom, Kohle und Holz. Es gab aber auch nur wenig zu essen. Die Geschäfte waren leer und wenn man sich auf versteckten Wegen ein paar Lebensmittel beschaffen konnte, dann waren sie sehr teuer und hielten nicht lange vor.

Viele Menschen hatten ihre Heimat verloren, sie zogen als Flüchtlinge durch das Land und wussten nicht, ob ihre Angehörigen noch lebten und wie sie sie wieder finden konnten. Es waren sehr traurige Zeiten, aber auch in solchen Zeiten geschehen kleine Wunder. So war es auch in der Familie des kleinen Mädchens Flora Blume.

Flora lebte mit der Mutter, dem Großvater und ihrem älteren Bruder in einem Teil des stark beschädigten Hauses. Für den Heiligen Abend hatte man einen Rest Kohle zum Heizen für den Küchenofen aufgespart, auch war es der Mutter gelungen, ein Stückchen Fleisch und ein paar Eier aufzutreiben. „Damit wir wenigstens an diesem Tag nicht hungern und frieren müssen!", sagte sie.

„Aber werden wir auch einen Weihnachtsbaum haben?", fragte Flora. Sie konnte sich einen Weihnachtsabend ohne Weihnachtsbaum nicht vorstellen. Die Mutter seufzte nur und fuhr sich über die Augen. Der Großvater aber kramte in einer Kiste und zog eine hölzerne Krippe hervor.

„Schau nur, sie ist heil geblieben. Hier ist die Mutter Maria, das Christkind und der heilige Josef. Die Krippe wollen wir auf dem Tisch aufbauen und rundherum mit Stroh polstern, dann gibt es auch für uns hier einen Heiligen Abend!"

Die kleine Flora war getröstet. Sie stellte mit dem Großvater die Krippe auf. Mittlerweile war Max, der Bruder, heimgekommen. Er zerrte etwas Langes, Dürres hinter sich her. Sein Gesicht und die Hände waren rot vor Kälte, aber seine Augen strahlten.

„Hast du etwa …?" Die Mutter konnte den Satz nicht vollenden, denn Flora jubelte los: „Ein Weihnachtsbaum! Max hat einen Weihnachtsbaum gebracht …" Beinahe hätte sie die Mutter Maria fallen lassen vor freudiger Überraschung. Stolz nickte der Zwölfjährige.

„Ja, den habe ich im Park hinter dem kaputten Haus gesehen und ich habe ihn für Flora geklaut."

„Jetzt haben wir also doch ein Bäumchen, auch wenn es nur ein dürres und ruppiges ist", lächelte die Mutter und nahm ihrem Sohn die nasse Jacke ab.

Es war wirklich ein kümmerliches Bäumchen, aber mit ein paar silbernen

Kugeln in den Zweigen und den letzten fünf Kerzen würde es doch den Weihnachtstisch schmücken. Flora war glücklich und auch die Erwachsenen sahen nicht mehr so bekümmert drein.

Es war dunkel geworden. Die ersten Sterne standen am Himmel. Der Schnee, der vor ein paar Tagen gefallen war, verdeckte die Schäden in den Straßen und Gärten und ließ die Umgebung friedlich und unberührt aussehen. Flora, die auf der Fensterbank kniete, sah hinaus. Leise sagte sie: „Jetzt ist kein Krieg mehr, jetzt kann das Christkind doch kommen!"

„Ja, der Krieg ist zu Ende", nickte die Mutter, „aber ob das Christkind zu uns findet …?" Sie sprach nicht weiter, denn sie musste sich die Nase putzen.

Der Großvater aber schlug das alte schwarze Buch auf und las die Geschichte von der Herbergsuche vor. Sie endete mit dem Satz: „… und weil in der Herberge kein Platz für sie war, mussten sie auf dem Hirtenfeld in einem Stall Zuflucht suchen."

„Wie vielen geht es heute noch so, wie vielen ...", sagte die Mutter. Da legte der Großvater seinen Arm um die kleine Flora und las die Weihnachtsgeschichte zu Ende.

Sie saßen dann um den Esstisch. Es roch nach guter Suppe, in der Fleischstücke und kleine Knödel schwammen. Die Mutter füllte die Teller – es waren die mit dem Goldrand, die sie so behütet hatte. Der Großvater sprach ein kurzes Gebet.

„Frohe Weihnachten!", rief Max und griff nach dem Löffel. Sein Hunger war wohl besonders groß.

Doch Flora hob den Kopf und lauschte: „Da – habt ihr nichts gehört?" Ein jämmerliches Mauzen und Kratzen von kleinen Pfoten kam von der Tür. Wie der Wind sprang Flora auf. Als sie die Tür zum Flur öffnete, huschte ein mageres Kätzchen mit nassem, rötlichem Fell herein.

„Eine arme Katze! Sie ist ganz nass und erfroren ..." Flora streichelte die Rostrote und die schmiegte sich an die Beine des

Mädchens. Wieder das klägliche Miauen.

„Sie hat Hunger, bestimmt hat sie Hunger …“ Hilfe suchend schaute Flora zur Mutter. Doch diese schüttelte den Kopf.

„Wir können doch nicht eine zugelaufene Katze füttern, die kriegen wir dann nicht mehr los – nein, Flora, es geht wirklich nicht!“

Der kleinen Flora traten die Tränen in die Augen. „Aber wenn sie so Hunger hat – bitte gib ihr etwas von meinem Essen!“

Da legte der Großvater seine Hand auf die Hand seiner Tochter und brummte: „Haben wir nicht gerade von der Herbergsuche gehört? Hier ist auch ein Geschöpf, das friert und hungert – sollten wir da nicht helfen, so gut wir können, heute am Heiligen Abend?“

Auch Max, der mit vollen Backen kaute, nickte eifrig: „Heute darf man keinen abweisen, der an der Türe steht und bittet …“

Da stand die Mutter auf, holte eine kleine Schüssel, schöpfte Suppe hinein, zerschnitt ein Stückchen Fleisch und Beilage, tat es dazu und stellte es auf den Boden neben den Herd.

„Ihr habt ja Recht", sagte sie. „Wir wollen halt alle etwas von unserem Anteil hergeben." Flora fiel der Mutter um den Hals und dann schauten sie zufrieden zu, wie die kleine Rotfellige sich heißhungrig über die Mahlzeit hermachte.

Als sie sich gesättigt hatte und sich ausgerechnet auf dem Stroh vor der Krippe zusammenringelte, wollte man es ihr verwehren. Da war es wieder Flora, die sich für die fremde Katze einsetzte.

„Lasst sie doch dort liegen, die Mutter Maria hätte sie bestimmt nicht weggejagt!"

Der Großvater nickte. „Ja, meine Kleine, das glaube ich auch! Von der Krippe wurde keiner fortgewiesen."

Die Mutter hatte sich bereits abgefunden, dass sie von nun an einen neuen Dauergast zu verköstigen hatte. Das war eben in jenen Notzeiten wirklich nicht einfach.

Trotzdem wurde dieser Heilige Abend, der außer dem ruppigen Bäumchen mit den fünf Lichtern, einem Paar selbst gestrickter Handschuhe und einem Märchenbuch, das die Mutter für Flora aufgetrieben hatte, keine Geschenke brachte, ein besonderes Fest, das allen in Erinnerung bleiben sollte. Ein Fest der Herbergsuche, in dem Türen und Herzen offen standen.